ノスタルジア食堂
東欧旧社会主義国のレシピ63

イスクラ 著

Столовая

Bar mleczny

Konsumgaststätte

Где ностальгический ресторан?

スロベニア
クロアチア
ボスニア・ヘルツェゴビナ
セルビア
モンテネグロ
コソボ
北マケドニア

エストニア
ラトビア
リトアニア
ロシア
ベラルーシ
ロシア
ドイツ東部
(旧東ドイツ)
ポーランド
チェコ
スロヴァキア
(チェコスロバキア)
ハンガリー
ルーマニア
モルドバ
ウクライナ
ブルガリア
アルバニア
カザフスタン
ウズベキスタン
キルギスタン
グルジア
(ジョージア)
アルメニア　アゼルバイジャン
トルクメニスタン
タジキスタン

本書の取り扱い地域（2020年現在）
　旧ソヴィエト連邦　　旧ユーゴスラヴィア連邦
4　　上記以外のヨーロッパ旧社会主義国

2017年6月、東ドイツ民生品展示室を運営していた「イスクラ」の活動にひと区切りをつけて、大量の東ドイツの調度品とともに家に戻ってきた。6年ぶりにホームオフィスに戻って、さて、何から始めるか…。私はリビングに陣取っている仕事スペースを、それまで展示室でやっていたように東ドイツスタイル*にすることにした。

　部屋の一角の東ドイツな世界で仕事をし、そこで昼食を食べるようになり、いつしか社会主義時代の食器を使うようになった。そうするうちに、家にある古い物をあれこれ駆使して行くと、自分の仕事のテーマである"旧社会主義国"の人々が営んできた食生活を垣間見ることができるのではないかとひらめき、レシピ本を開いて作ってみることにした。本を開いたところで、持っている知識と物で飾っても補えない、なにげなくも素っ気ないような当時の料理の雰囲気の壁にすぐにぶち当たってしまった。

　かつての中東欧、ソヴィエトロシア。場の雰囲気や味の追求ではなく労働者が食事をする場所として設置された食堂の多くは、社会主義の福利厚生の一環でもあった。皆が働いていた社会主義国では、平日の食の流れが面白い。一日の中で、スタミナある食事は昼食。父は事業所の食堂で、母も仕事先で食べる。子供に関しては朝食も学校が面倒見てくれる。仕事をしているお母さんの作る夕ご飯は簡単なもので良くなる。そうしたら、週末はどうなっていたのだろう？　夏休みは？一年という時間を思い浮かべるとますます興味深い。

　今現在、そういう食堂はどうなったのだろう。毎年の仕事で渡航する際には、特に食事を重要とせず、そして一人旅であることも手伝って簡単に済ますことが多かった私は、それをきっかけに残っている食堂を探す旅に出ることになるのだった…。

＊『昭和インテリアスタイル』（グラフィック社）に掲載されている。

※本書は、イスクラ著によるZINE、『コメコンデザインシリーズ　社会主義食堂レシピvol.1~5』を再編集したもの。

Contents

1 前菜 サラダとスープ

●エストニア
ラッソリーエ　ビーツとじゃがいものサラダ……10

●ラトビア
スクランドラウスィス　にんじんとポテトサラダの二層タルト……12

●旧東ドイツ／エストニア
ズルツェ／スルト　肉と野菜のゼリー寄せ……14

●アルメニア
トルマ　トマトの肉詰め……16

●旧ソ連中央アジアから中国
ラグマン　中央アジア諸国で愛されている定番の麺料理……17

●ラトビア
ペレーキエ・ズィルニ・アル・スペキ　赤えんどう豆のホットサラダ……18

●旧東ドイツ
ヴルツフライシュ　ささみ肉のプチグラタン……19

●旧ソヴィエト連邦
サラート・オリヴィエ　ロシアのご馳走サラダ……20

●旧東ドイツ
ラーデベルガー・ビアグーラッシュ　ザクセン風ビールのグーラッシュ……22

●ハンガリー
グヤーシュ　牛肉のパプリカスープ……24

●旧ソヴィエト連邦
ウハー　魚のスープ……26

●旧ソヴィエト連邦
アクローシカ　酸味のある冷たいスープ……28

●チェコ
クライダ　じゃがいものサワースープ……29

●グルジア
ハルチョー　牛肉のスパイススープ……30

●リトアニア／ラトビア／ポーランド／旧ソヴィエト連邦
シャルティバルシチェイ／アウクスタ・ズパ／フウォドゥニク／ホロドニク
ビーツの冷製スープ……32

●旧東ドイツ
ゾリャンカ　ロシア風酸味のあるスープ……34

●ハンガリー
ヒデグ・メッジレヴェシュ　サワーチェリーのスープ……36

●旧東ドイツ
ツォッテルズッペ　じゃがいものスープ……38

●ポーランド／リトアニア
ビゴス　ザワークラウトの煮込み……39

●旧ソヴィエト連邦
ボルシチ　ビーツの煮込みスープ……40

2 メインディッシュ 肉と卵の料理

●旧ソヴィエト連邦
ベフストロガノフ・イズ・クリツィ　チキンストロガノフ……46

●中東欧諸国全域
シュニッツェル／コトレティ　カツレツ、トンカツ……48

●ベラルーシ
マチャンカ　豚肉のサワークリーム煮……50

●旧東ドイツ
ブレッテ／フリカデレ　ハンバーグ……51

●リトアニア
ツェペリナイ　ひき肉入りじゃがいも団子……52

●旧東ドイツ
ベアムテンシュティッペ　東ドイツ風そぼろ……54

●旧東ドイツ
ゼンフアイアー　マスタードソースのゆで卵……56

●ハンガリー
パプリカーシュ・チルケ　チキンのパプリカ煮込み……58

●旧東ドイツ
ツィトローネンシュニッツェル　豚肉のソテーレモンソース……60

●旧ソ連中央アジアの国々
シャシリク　串焼きバーベキュー……62

●旧東ドイツ
イェーガーシュニッツェル　ボロニアソーセージのフライ……63

●旧ソヴィエト連邦
ポジャールスキエ・コトレーティ・イズ・リピィ
ポジャルスキー風魚のハンバーグ……64

●ハンガリー
セーケイカーポスタ　ザワークラウトと豚肉の煮込み……66

●リトアニア
ヴィシュティエノス・ヴィニオティニス　コールドロールチキン……68
●グルジア
シュクメルリ　鶏肉のガーリック煮……70
●リトアニア
ゼマイチュ・ブリナーイ　じゃがいもの焼きコロッケ……72
●旧東ドイツ
シュトランマー・マックス　目玉焼きのオープンサンド……74
●旧東ドイツ
ファルシェス・ヒルン　東ドイツ風炒り卵……75
●ウズベキスタン
ディムラマ　ウズベク風肉じゃが……76
●ポーランド
ゴウオンプキ　米入りロールキャベツ……78
●ブルガリア
カヴァルマ　チキントマト鍋焼き……80

3　米料理、ベーカリーフードとデザート

●全地域
基本の黒パン……86
●旧ソヴィエト連邦
ブリヌィ　ロシアのクレープ……88
●グルジア
ヒンカリ　スープ入り餃子……90
●ポーランド
クロキエティ　クレープを使ったポーランドのコロッケ……92
●ブルガリア
メキツァ　ヨーグルト風味の揚げパン……93
●スロヴァキア
ブリンゾヴェ・ハルシュキ　ニョッキのチーズソース……94
●旧ソヴィエト連邦
ピロシキ　惣菜パン……96
●ウズベキスタン／中央アジア諸国
プロフ　スパイシーな炊き込みご飯……98
●マケドニア
パストルマイリア　ご馳走ミートピザ……100
●旧ソヴィエト連邦
ペリメニ　ロシアの水餃子……102

●バルカン諸国
デュベチ　バルカン諸国で愛されているパプリカライス……104
●タジキスタン、ウズベキスタン他
カトラマ　ねぎ入りパンケーキ……106
●グルジア
ハチャプリ　とろけるチーズのパン……108
●チェコ
オボツネ・クネドリーキ　フルーツ入りクネドリーキ……110
●リトアニア
ケプタ・デュオナ　揚げ黒パンスティック……112
●旧ソヴィエト連邦
オラディ　簡単パンケーキ……113
●旧ソヴィエト連邦／ルーマニア
ショコラードナヤ・サリャミ／サラム・デ・ビスクイティ　チョコレートサラミ……114
●ルーマニア
コリヴァ　麦とくるみの甘煮……115
●旧東ドイツ
カルトッフェルシュトレン　じゃがいものシュトレン……116
●旧ソヴィエト連邦
ニェ・ザペチェニー・トヴァロジニー・トルト　簡単焼かないチーズケーキ……118
●旧東ドイツ
カルター・フント　冷たい犬という名のチョコレートケーキ……120

所変われば、呼び名も変わる……42／禁断の脂身「サーロ」……82

ソヴィエトの普段使いの食器……122

憧れの食堂を探した……134

魅惑のストリートフード……148

この本について
●火加減は特に表記があるもの以外は中火です。小さじは5ml、大さじは15mlです。
●ブイヨンは、好みの洋風だしを使ってください。本書では市販の固形スープの素をお湯に溶いて使用しています。
●ひき肉はおもに合びきを使用していますが、手に入りやすい好みの肉をお使いください。
●薬味にはパセリやディル、小口ネギを、仕上げには黒胡椒やパプリカパウダーなどを使っていますが、いずれも好みでお使いください。
●パン類は、室内の暖かいところで発酵させてください。室温はできれば30〜35度が望ましいです。
※家庭料理であればあるほど、さじ加減には差があります。分量は目安なので、好みで調整してください。

Закуски, Салаты и супы

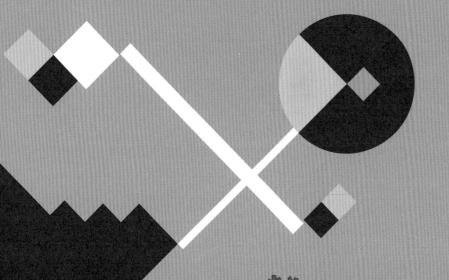

1

前菜

サラダと
スープ

旧ソ連地域ではサラダの種類が豊富で、スタロー
バヤに行くとそのバリエーションに驚くだろう。
マヨネーズで和えたものや、酢の物のようなサ
ラダなど、野菜不足になりがちな旅行者には大
変ありがたい。スープはボリュームがあるもの
が多く、メインディッシュがなくてもスープでお
腹いっぱいになるほど。

プレートやグラス類の生産国については、
旧ソヴィエト連邦→ソヴィエト／旧東ドイツ→東ドイツ、と表記しています

Rosolje

プレート：ソヴィエト（P125）
カップ：東ドイツ

ラッソリーエ　ビーツとじゃがいものサラダ

ハムなどの加工肉や、手に入ればニシンの酢漬けを加えても。
ピンク色が美しいご馳走サラダ。

材料　2～3人分

ビーツ（中）……………………………	1個
じゃがいも …………………………………	3個
玉ねぎ…………………………………………	1/2個
ゆで卵 ……………………………………	2個
サワークリーム……………………………	50g
マヨネーズ ………………………………	大さじ1
マスタード ………………………………	小さじ1
塩……………………………………………	少々

作り方

① ビーツを皮付きのままゆでて冷まし、皮をむいて1cmくらいの角切りにする。

② じゃがいもも同様にゆでてから、皮をむいて1cmくらいの角切りにする。

③ 玉ねぎとゆで卵はみじん切りにする。

④ すべての具材を合わせ、サワークリーム、マヨネーズ、マスタードであえる。

⑤ 塩で味をととのえてできあがり。好みのゆで野菜などを添えていただく。

Sklandrausis

スクランドラウスィス にんじんとポテトサラダの二層タルト

栄養たっぷりのライ麦の野菜タルト。素朴な味わいだが、ついついいくつも食べてしまう。
お茶うけにも、お酒にも合うラトビアを代表する一品。

材料 15個分

〈タルト生地〉
ライ麦粉……………………… 250g
水…………………………… 1/2カップ
溶かしバター ………………10g

〈A ポテトサラダ〉
じゃがいも（中）………… 3個
サワークリーム………大さじ2
溶き卵…………………… 1/2個分
バター……………………10g
塩……………………… 小さじ1/2

〈B にんじんサラダ〉
にんじん（中）……………… 2本
サワークリーム………大さじ2
溶き卵…………… 1と1/2個分
バター……………………40g
砂糖………………………小さじ1

作り方

① 二つの鍋それぞれに湯を沸かし、皮をむいて適当な大きさに切ったじゃがいもとにんじんをそれぞれゆでる。

② ボウルにタルト生地の材料を入れて混ぜ合わせ、一つにまとまるまでこねる。30分寝かせる。

③ ゆでたじゃがいもを潰し、A のじゃがいも以外の材料を入れポテトサラダを作る。

④ にんじんは細かく潰すか、フードプロセッサーにかけてペースト状にし、B のにんじん以外の材料を入れてよく混ぜ合わせる。

⑤ 2を15等分に丸め、縁を1.5cmほどの高さにしたタルト型に成形する。ポテトサラダ→にんじんサラダの順で乗せ、二層のタルトにする。

⑥ 好みでキャラウェイシードを乗せ、200度のオーブンで15分ほど焼いてできあがり。

Sülze / Sült

プレート：東ドイツ

ズュルツェ／スルト 肉と野菜のゼリー寄せ

色鮮やかな野菜を使い、目でも楽しめるゼリー寄せ。
ドイツでは炒めたじゃがいもを付け合わせる。

材料 パウンドケーキ型1本分

好みの野菜（豆、根菜など）……………適量
鶏むね肉または豚バラ肉（ブロック）‥300g
ゆで卵（硬めにゆでる）………………… 2個
白ワイン ……………………………150ml
ブイヨン ……………………………750ml
粉ゼラチン ……………………………20g
塩……………………………………………少々
サラダ油……………………………………適量

作り方

❶ 野菜は細かく刻んで塩ゆでにし、冷ましておく。

❷ 肉を塩ゆでにし、粗熱が取れたら細かく刻む。

❸ ゆで卵はスライスする。

❹ 白ワインとブイヨンを弱火で熱する。塩で味をととのえ、粉ゼラチンを加えて溶かす。ボウルに野菜と肉と卵を入れ、ゼラチン液を入れて混ぜる。

❺ 型にラップを敷いて油を塗り、4を入れて冷蔵庫で冷やし固めてできあがり。適当なサイズに切り分け、好みでサワークリームをかけ、小口ねぎやディルを散らしていただく。

トルマ　トマトの肉詰め

肉詰めはピーマンやナスなどいろんな野菜で作られるが、
夏らしいトマトで。ヨーグルトソースがよく合う。

材料　2人分

トマト	4個
合びき肉	150g
玉ねぎ（みじん切り）	1/2個
米	大さじ3
固形スープの素	1個
クミンパウダー	適量
塩、胡椒	各少々

作り方

❶ トマトはヘタの下を少し残してカットし、中をくり抜く。

❷ ひき肉と玉ねぎ、米、クミン、塩、胡椒を混ぜ合わせ、トマトの中に詰める。

❸ 小鍋に❷のトマトを並べて鍋の半分くらいまで水（分量外・200ml～300ml目安）を入れ、❶でくり抜いたトマトの中身と固形スープを入れて蓋をし、20分ほど煮込んでできあがり。

プレート：ソヴィエト
（P125）

MEMO

煮込んだスープにはトマトの優しい風味が溶け出し、こちらも大変美味しいので是非飲み干して。

ラグマン　中央アジア諸国で愛されている定番の麺料理

クミンとトマトの酸味が決め手。さらにパプリカの優しい旨味がスープをまろやかにしていて美味しい。

材料　2人分

羊肉（薄切り）················ 200g
　　　　　　　※牛肉で代用可
パプリカ ······················ 1個
じゃがいも ····················· 1個
トマト ·························· 1個
クミンパウダー················ 適量

塩、胡椒、レモン汁···· 各適量
水···························· 600ml
ゆで麺（稲庭うどんなど好みで）
···························· 2人分
パクチー（刻む）··········· 適量
サラダ油····················· 適量

作り方

① フライパンに油を熱して羊肉を炒める。

② 1に細切りにしたパプリカとじゃがいもを加えて炒める。

③ 2に粗く乱切りしたトマトとクミンを加え、軽く炒めて水を加える。

④ 3に塩、胡椒を加え、20分ほど煮込んだら、レモン汁を入れて味をととのえる。

⑤ 4をゆでたての麺にかけ、パクチーをたっぷり乗せてできあがり。

Лагман

プレート：ラトビア

MEMO
通常は麺を打つところから始まるが、ここでは短縮して市販の麺を使用。

Pelēkie zirņi ar speķi

ラトビア

ペレーキエ・ズィルニ・アル・スペキ

赤えんどう豆のホットサラダ

ラトビアを代表する郷土料理。じわっとする塩気と
赤えんどう豆の旨味がクセになるサラダ。

材料 2人分

赤えんどう豆（乾燥）……250g 　 塩………………………少々
玉ねぎ（中）…………… 1/2個 　 サラダ油………………適量
ベーコン ………………100g

作り方

❶ 赤えんどう豆をよく洗い、水に一晩浸す。

❷ 戻したえんどう豆をゆで、柔らかくなったら水気を切って
　 塩をふって味付けをする。

❸ フライパンに油を引いてみじん切りにした玉ねぎをあめ色
　 になるまで炒め、角切りにしたベーコンを加えてさらに炒
　 める。

❹ 2のえんどう豆を皿に盛り、上に炒めた玉ねぎとベーコン
　 を乗せてできあがり。

ヴュルツフライシュ

ささみ肉のプチグラタン

東部ドイツの食堂の定番メニュー。前菜的扱いでリーズナブル。量も少なめで日本人にはちょうど良い感じ。カリッと焼いたトーストがついてくることが多い。

材料 2人分

塩ゆでした鶏ささみ肉……………………100g
ホワイトソース（市販）……………………200g
ピザ用チーズ………………………………100g
レモン……………………………………1/4個
ウスターソース…………………………………適量

作り方

① ほぐした鶏肉を温めたホワイトソースに絡ませる。
② 耐熱容器にバター（分量外）を塗り、1を入れてチーズをかけ、180度のオーブンで20分焼く。
③ レモンを搾り、ウスターソースをかけていただく。

Würzfleisch

プレート・上、
エッグスタンド：東ドイツ
プレート・下：ポーランド

Салат Оливье

プレート：ラトビア

サラート・オリヴィエ ロシアのご馳走サラダ

ロシアはマヨネーズ大国。
それがよくわかる、こってりした具だくさんサラダ。

材料 4人分

鶏むね肉 ······················ 1枚（200g）
　　　　　　　　　　　※鶏ハムで代用可
にんじん ····························· 1本
じゃがいも ···························· 6個
ゆで卵 ······························· 4個
グリーンピース ·················· 50〜70g
　　　　　　　　　※市販の水煮で代用可
ピクルス（小） ························ 3本
マヨネーズ ···························· 適量
塩 ································· 少々

作り方

❶ 鶏肉を塩（分量外）を加えた湯でゆで、冷ましておく。にんじん、じゃがいもは皮をむいて丸ごとゆでる。グリーンピースもゆでる。

❷ ゆでた鶏肉、にんじん、じゃがいも、ゆで卵を1cm角くらいに細かく刻む。

❸ ピクルスはみじん切りにする。

❹ ボウルに刻んだ具材、グリーンピースを入れ、マヨネーズであえる。

❺ 塩で味をととのえてできあがり。好みでディルを散らしていただく。

MEMO
だいたいどこの食堂にも同様のサラダが置いてあるので、これとスープとパンだけでもお腹が満たせる。

Radeberger Biergulasch

プレート：東ドイツ

ラーデベルガー・ビアグーラッシュ　ザクセン風ビールのグーラッシュ

東部ドイツを代表するビール「ラーデベルガー」を使った煮込み料理（ここでは国産のビールを使用）。
深みのある苦味とコクがたまらない。付け合わせは東ドイツらしくマカロニが最も合う。

材料 2人分

豚肉（薄切り）	200g
玉ねぎ	1/2個
にんにく	1片
パプリカパウダー	小さじ1
バター	10g
トマトペースト	小さじ1
ビール	300ml
水	300ml
塩、胡椒	各少々

A

マジョラム	少々
マスタード	小さじ1
黒砂糖	大さじ1/2
酢	小さじ1/2

作り方

❶ 豚肉を適当な大きさに切り、玉ねぎはくし切りに、にんにくは刻んでおく。

❷ フライパンにバターを溶かし、玉ねぎ、にんにくを炒める。

❸ 2をフライパンから取り出し、1の豚肉を炒める。火が通ったら2をフライパンに戻し、パプリカパウダーをふりかけてなじませる。トマトペーストを加える。

❹ 3にビールを少しずつ入れて混ぜ合わせる。その後水を入れて沸騰させる。

❺ アクを取り、Aを入れてとろみが出るまで煮込む。

❻ 塩、胡椒で味をととのえてできあがり。好みでマカロニや薬味を添えていただく。

Gulyás

プレート：ソヴィエト
（P130）

24

グヤーシュ 牛肉のパプリカスープ

ハンガリーの国民的料理。本来はじっくり煮込むスープだが、まずさっと煮込んだものをいただき、
二日目に寝かしたものを食べて味の変化を楽しんで。

材料 3人分

牛肉（カレー・シチュー用）………300〜400g
玉ねぎ…………………………………1/2個
じゃがいも……………………………2個
トマト…………………………………1個
パプリカパウダー………………大さじ1
水……………………………………600ml
ローリエ………………………………1枚
固形スープの素………………………2個
塩…………………………………………少々
サラダ油……………………………適量

作り方

❶ 玉ねぎはくし切りまたはみじん切り、じゃがいもと牛肉は一口大に切る。トマトは細かく刻む。

❷ 鍋に油を引き玉ねぎと牛肉を炒める。火が通ったらパプリカパウダーをまぶしてなじませ、水を入れる。

❸ じゃがいも、トマト、ローリエ、固形スープの素を入れて煮込む。

❹ 具材が柔らかくなったら、塩で味をととのえてできあがり。好みでパンを添えていただく。

 MEMO
社会主義時代は、各家庭で週末の時間のある時に大鍋でコトコトと時間をかけて作られていた家庭料理。

Yxa

プレート：ソヴィエト
（P130）

ウハー 魚のスープ

魚の優しい味が滲み出た美味しいスープ。濁らないようにじっくり弱火で仕上げるのがコツ。
ディルの風味で一段と美味しく感じられる。

材料 3人分

好みの魚の切り身（サケ、タラ、マス、スズキ
など）…………………………………… 2枚
玉ねぎ…………………………………1/2個
じゃがいも …………………………… 1個
にんじん ……………………………1/2本
ローリエ ……………………………… 1枚
塩、胡椒…………………………各少々
水……………………………600ml
ディル……………………………少々

作り方

➊ 好みの魚を用意し、さっと熱湯にくぐらせて臭みを取る。

➋ 鍋に水を入れて沸かし、魚とローリエ、一口大にカットした野菜を入れて弱火で
煮る。

➌ こまめにアクを取り、具材が柔らかくまで煮る。

➍ 塩、胡椒で味をととのえる。仕上げにディルを散らしてできあがり。

アクローシカ　酸味のある冷たいスープ

具だくさんでさっぱりとした、夏の食欲のない時にもオススメのスープ。

材料　3人分

プレーンヨーグルト	400g
炭酸水	400〜500ml
ハム	100g
じゃがいも	3個
ゆで卵	2個
きゅうり	1本
塩、胡椒	各少々
ディル	少々

作り方

❶ じゃがいもを皮ごとゆでて、粗熱が取れたら皮をむいて角切りにする。その他の具材も角切りにする。

❷ ヨーグルトに炭酸水を混ぜ合わせる。

❸ 2に1と、細かく切ったディルを混ぜ、塩、胡椒で味付けする。冷蔵庫で冷やしてできあがり。

28

プレート：東ドイツ

окрошка

クライダ　じゃがいものサワースープ

簡単にできるサワースープ。冬は体が温まり、夏は冷やしていただくと、アクローシカ（P28）のような味わいに。

材料　3人分

マッシュルーム…………150g	ブイヨン………………1000ml
じゃがいも………………3個	小麦粉………………小さじ1
半熟ゆで卵………………3個	塩………………………少々
サワークリーム…………130g	

作り方

1. マッシュルームを薄くスライスする。じゃがいもは皮をむいて2〜3cm角に切り、ブイヨンを入れて鍋で煮る。

2. じゃがいもが柔らかくなったら火を止め、サワークリームを水（大さじ1）でのばして鍋に入れてよく混ぜる。小麦粉を水（小さじ2）で溶かして鍋に入れてかき混ぜ、弱火でさらに煮込む。

3. じゃがいもが崩れてきたら塩で味をととのえる。好みで黒胡椒やパプリカパウダーをふり、割ったゆで卵を浮かべてできあがり。

Kulajda

プレート：東ドイツ

フレード：ラトビア

ハルチョー　牛肉のスパイススープ

しっかりした味ながら複雑にスパイスが絡み合うスープ。
ご飯にかけて食べても、米からスープと一緒に煮込んでも美味。

材料　3人分

牛肉（カレー・シチュー用）·····················200g
玉ねぎ······························1/2個
にんにく（すりおろす）·····················1/2個
くるみ····························· 40g
ブイヨン······························800ml
トマトピューレ····················· 大さじ2
ローリエ····························· 1枚
スパイス（カイエンペッパー、クミンパウダー、
パプリカパウダー）·····················各少々
塩·······························少々
コリアンダー（またはイタリアンパセリ）···適量
ご飯（好みで）·····················適量
サラダ油·····················適量

作り方

❶ フライパンに油を引き、みじん切りにした玉ねぎを炒める。色が透き通ったら一口大に切った牛肉、にんにくを入れて炒める。

❷ くるみをビニール袋に入れ、叩いて細かく砕いておく。

❸ 牛肉に火が通ったらブイヨンを入れ、トマトピューレ、ローリエ、スパイス、**2**を入れて弱火で煮込む。

❹ 15〜20分ほど煮込み、塩で味をととのえる。

❺ 火から下ろす直前にご飯を入れる。器に盛り、コリアンダーを散らしてできあがり。

プレート：ソヴィエト
（P125）

Šaltibarščiai/Aukstā zupa/ Chłodnik/Холодник

シャルティバルシチェイ／アウクスタ・ズパ／フウォドゥニク／ホロドニク ビーツの冷製スープ

鮮やかなピンク色が目を楽しませてくれる、夏にぴったりのスープ。具材は家庭によって違いがある。

材料 2人分

ビーツ（中）	1個（200g）
ゆで卵	2個
きゅうり	1/3本
玉ねぎ	1/4個
ディル	少々
サワークリーム	90g
レモン汁	小さじ2
水	300ml
塩	少々

作り方

1. ビーツを皮付きのまま柔らかくなるまでゆで、冷めたら皮をむいてみじん切りにする。
2. 水、レモン汁、サワークリームを合わせてなめらかにし、塩で味をととのえる。
3. ゆで卵1個、きゅうり、玉ねぎ、ディルをみじん切りにし、1と一緒にスープと混ぜ合わせて冷蔵庫でよく冷やす。
4. 残りのゆで卵を二つ割にし、ディルと一緒に飾っていただく。

 MEMO

ビーツはみじん切りでも、すりおろしやミキサーにかけたピューレ状でも好みで。サワークリームはヨーグルト200gまたはケフィール200mlでも代用可（水の量は適宜調整して）。

Soljanka

カップ、プレート：
旧ドイツ

84

ゾリャンカ ロシア風酸味のあるスープ

東部ドイツで好まれている定番のスープ。
イートインできるベーカリーカフェなどでも提供されているので気軽に食べることができる。

材料 4人分

ソーセージまたはベーコン	250g
パプリカ	2個
玉ねぎ	1個
にんにく	2片
ピクルス（中）	10本
トマトピューレ	50g
ローリエ	2枚
マーガリン	50g
ブイヨン	1200ml
塩、胡椒	各少々
レモン	適量

作り方

❶ 肉類、野菜とピクルスはすべて細かく刻む。

❷ 鍋を火にかけてマーガリンを溶かす。野菜から炒め、玉ねぎがしんなりしたら肉類を入れてさらに炒める。

❸ 具材に火が通ったらトマトピューレを絡ませてブイヨンを注ぐ。

❹ 3に刻んだピクルスとローリエを入れ、30分ほど煮込み、塩、胡椒で味をととのえる。味が薄いようならピクルスの漬け汁を足す。

❺ 4を器に盛り、レモンの輪切りを乗せてできあがり。

Hideg meggyleves

プレート：
チェコスロヴァキア

ヒデグ・メッジレヴェシュ サワーチェリーのスープ

大人向けに赤ワインを足してひと煮立ちさせても良い。
サワークリームを入れずに好きなフルーツ（りんご、桃、洋なしなど）を入れて冷やしてコンポートにしても。

材料 4人分

アメリカンチェリー……………………………500g
砂糖………………………………………………100g
シナモンスティック……………………………1本
サワークリーム…………………………………200g
　　　　　　　　　　　　　※水切りヨーグルトで代用可
水………………………………………………600ml
小麦粉……………………………………………大さじ1
赤ワイン（好みで）……………………………適量

作り方

① 鍋に水、砂糖、シナモンを入れて、チェリーをゆでる。

② 沸騰したら弱火にして25〜30分煮込む。

③ シナモンを取り出し、小麦粉と水（大さじ1）を入れてゆるくのばしたサワークリームを入れ（赤ワインを入れる場合は、このタイミングで）、ひと煮立ちさせる。

④ 冷蔵庫で冷やして皿に盛り、サワークリームや生クリーム少々（分量外）を添えてできあがり。

 MEMO
ポーランドではショートパスタを入れたスープ、「ズパ・オヴォツォヴァ（Zupa owocowa）」として食されている。

ツォッテルズッペ

じゃがいものスープ

優しい味のじゃがいものスープ。胃に負担がかからないので、風邪気味や食欲のない時に良さそう。

材料 2人分

じゃがいも（大）	2個
水	600ml
玉ねぎ	1/4個
ベーコン（またはハム）	少々
塩、胡椒	各少々
サラダ油	適量

作り方

❶ じゃがいもはすりおろしておく。

❷ **1**に水を加え、弱火で煮る。

❸ フライパンに油を熱し、みじん切りにした玉ねぎ、刻んだベーコンを炒め、**2**に入れて具材がなじむまで煮る。塩、胡椒で味をととのえてできあがり。好みでパセリを散らしていただく。

カップ：東ドイツ
プレート：ラトビア

Zottelsuppe

ビゴス　ザワークラウトの煮込み

肉はベーコン、ポルチーニは乾燥しいたけやマッシュルームで代用しても美味しい。ポーランドの代表的家庭料理。

材料　4人分

ザワークラウト…………300g	トマトピューレ……大さじ3
キャベツ（中）……………2玉	ローリエ…………………2枚
ポルチーニ（ドライ・水で戻す）	塩、粒胡椒（黒・粗挽き）……
…………………………10g	……………………各少々
ソーセージ……………300g	バター…………………10g

作り方

❶ 鍋にバターを溶かしザワークラウト、千切りにしたキャベツ、乱切りにしたポルチーニを弱火で炒める。

❷ 水分が出てきたらソーセージ、トマトピューレ、ローリエ、塩、胡椒を入れ、焦げないように弱火で1時間ほど煮込んでできあがり（冷ましつつ何度か火を通すと味がなじんで美味しくなる）。

ボウル：ラトビア
カップ：ポーランド

Bigos

39

Борщ

プレート・左：ラトビア (P129)
プレート・右：ソヴィエト (P124)

ボルシチ ビーツの煮込みスープ

生のビーツが手に入ればカレーのような手軽さでできるボルシチ。
野菜がたっぷりで栄養満点。

材料 4人分

牛肉（カレー・シチュー用）……………………	200g
玉ねぎ………………………………………	1個
ビーツ（大）………………………………	1個（250g）
キャベツ……………………………………	1/4個
塩、胡椒……………………………………	各適量
ブイヨン……………………………………	1000ml
トマトピューレ……………………………	大さじ2
サワークリーム……………………………	適量
ディル………………………………………	適量
サラダ油……………………………………	適量

作り方

❶ 牛肉は一口大にして、油を熱したフライパンで炒める。野菜は皮をむき、みじん切りにする。

❷ 1の牛肉に焼き色がついたらみじん切りにしたキャベツ、ビーツ、玉ねぎを入れてさらに炒める。野菜に火が通ったら、すべて鍋に移す。

❸ 2にブイヨンを入れて30分ほど煮込む。トマトピューレ、塩、胡椒で味をととのえる。

❹ 3を器に盛り、サワークリーム、ディルを添えてできあがり。

MEMO

一晩寝かせた翌日のボルシチは一層美味しい。ウクライナではボルシチにインゲン豆を入れたものもあり、それだけでお腹いっぱいに。

所変われば、
呼び名も変わる

東欧旧社会主義国では、広範囲であるにもかかわらず、
ルーツを同じくする料理がいくつも存在する。
呼び名は違えど、その分布の広さには驚かされる。

プリナス
カルトフェル・パンクーカス

アウクスタズッパ
カポスツツィテニィ

プリーニド
エストニア

ロシア
プリヌイ
ドラニキ
ホロドニク
グリャーシュ
ガルブツィ

ラトビア

プリナイ
ブルヴィニアイ・プリナイ
シャルティバルシチェイ
バランデリアイ

リトアニア

ドラニキ
ハラドニク

ベラルーシ

ガルブツィ

パラチンカ
ブランボラーク
グラーシュ

グーラッシュ／
グラッシュ
クラウトヴィッケル／
コールローラーデン

ドイツ

ナレシニキ
プラツキ・ジムニアチャネ
フウォドニク
グラーシュ
ゴウォンプキ

ポーランド

デルニィ
ガルブツィ

ウクライナ

チェコ

スロベニア
クロアチア
ボスニア・
ヘルツェゴビナ
セルビア
パラチンカ
サルマ
旧ユーゴスラビア連邦
全域
モンテネグロ
コソボ
北マケドニア
コムピロヴィパラチンキ

パラチンカ
グラーシュ
ホルプキィ

スロヴァキア
パラチンタ
ハンガリー
グヤーシュ

クラッチータ
ルーマニア
サルマーレ

旧ユーゴスラビア連邦

パラチンカ
ブルガリア
サルミ

※主に主言語による分類。

●ビーツの冷製スープ

ビーツのスープを冷やしてケフィール（ヨーグルトに似た発酵乳）を入れて仕上げる、ピンク色が美しい冷製スープ。

ロシア	ホロドニク	Холодник
ベラルーシ	ハラドニク	Халаднік
リトアニア	シャルティバルシチェイ	Šaltibarščiai
ラトビア	アウクスタズッパ	Aukstă zupa
ポーランド	フウォドニク	Chłodnik

●クレープ

円形に薄く焼いてそのままや四つに折りたたんだり、ロール状で提供される。朝食やデザートとして、はちみつやジャム、チョコソースなどをかけていただく。ロシア周辺では専門のファストフード店もあり、チーズやイクラ、サーモンなどを具として包む。

ロシア	ブリヌイ	блины		スロヴァキア	パラチンカ	Palacinka
リトアニア	ブリナイ	Blynai		ポーランド	ナレシニキ	Naleśniki
ラトビア	ブリナス	Blīņas		ルーマニア	クラッチータ	Clătită
エストニア	プリーニド	Pliinid		旧ユーゴスラビア	パラチンカ	Palačinka
ハンガリー	パラチンタ	Palacsinta		ブルガリア	パラチンカ	палачинка
チェコ	パラチンカ	Palačinka				

●ハンガリー風パプリカシチュー

肉のスープでパプリカやトマトで味付けしたものが多いが国によって濃度が違うのが面白い。発祥地ハンガリーのものは、非常にさらっとしたスープ状。

ハンガリー	グヤーシュ	Gulyás	グヤーシュレヴェシュの短縮系。さらっとしたパプリカベースのスープ
ドイツ	グーラッシュ／グラッシュ	Goulasch	煮込みシチュー
ロシア	グリャーシュ	Гуляш	肉が入ったトマトベースのシチュー
ポーランド	グラーシュ	Gulasz	牛肉や豚肉の煮込みシチュー
スロヴァキア	グラーシュ	Guláš	牛肉のパプリカスープ
チェコ	グラーシュ	Guláš	牛肉のパプリカ煮込み。蒸しパンのようなクネドリーキと一緒に食べる

●じゃがいものパンケーキ

広い地域で食されている、じゃがいも料理の一種。

ロシア	ドラニキ	драники	
ベラルーシ	ドラニキ	дранікі	
ウクライナ	デルニィ	деруни	
リトアニア	ブルヴィニアイ・ブリナイ	Bulviniai Blynai	
ラトビア	カルトフェル・パンクーカス	Kartupeļu Pankūkas	
北マケドニア	コムピロヴィパラチンキ	Компирови палачинки	珍しくデザートとしても食べられている。さつまいも生地で作ったり、りんごソースをかけることも
チェコ	ブランボラーク	Bramboráky	
ポーランド	プラツキ・ジムニアチャネ	Placki Ziemniaczane	

●ロールキャベツ

材料が揃いやすいため、ヨーロッパ中東部～バルカン半島まで広く愛されている料理。スープのベースはトマトだったりブイヨンだったり、具材に米や大麦を入れるなどの違いもある。最初にフライパンである程度焼き色をつけてから煮込む調理法も。バルカン諸国ではほぼサルマと呼ばれるが、キャベツではなくぶどうの葉を使うものも多い。

ドイツ	クラウトヴィッケル／コールローラーデン	Krautwickel／Kohlrouladen	
ポーランド	ゴウォンプキ	Gołąbki	
スロヴァキア	ホルプキィ	Holúbky	
リトアニア	バランデリァィ	Balandėliai	
ラトビア	カポスツツィテニィ	Kāpostu titeņi	
ロシア、ベラルーシ、ウクライナ	ガルブツィ	Галубцы	
ブルガリア	サルミ	Сарми	
ボスニア	サルマ	Sarma	バルカン諸国はほぼサルマと呼ぶ
ルーマニア	サルマーレ	Sarmale	酢漬けのキャベツで作る場合が多い

ОСНОВНЫХ блюд
блюда из мяса
и ЯИЦ

2

メインディッシュ

肉と卵の料理

1日の中でもっともボリュームある食事は昼食であることが多く、従業員食堂などでガッツリと。肉料理は豚肉、鶏肉を使ったものが多い。仕事が休みの週末は、家で手の込んだ料理を作り、ゲストをもてなすこともしばしば。

プレートやグラス類の生産国については、旧ソヴィエト連邦→ソヴィエト／旧東ドイツ→東ドイツ、と表記しています

Бефстроганов
из курицы

プレート：
ソヴィエト（P125）

ベフストロガノフ・イズ・クリツィ チキンストロガノフ

30分でできる本格的なロシア料理。
サワークリームを入れる前のスープも驚きの美味しさ。

材料 3人分

鶏もも肉	300g
玉ねぎ	1個
マッシュルーム	6個
パプリカパウダー	少々
マスタード	小さじ1
白ワインビネガー	小さじ1
小麦粉	大さじ1
サワークリーム	大さじ3
ブイヨン	300ml
バター	10g
塩、胡椒	各適量

作り方

❶ 玉ねぎをくし切り、マッシュルームを薄切りにする。

❷ 鶏肉を一口大に切り、バターで炒める。

❸ 鶏肉を取り出し、続けて玉ねぎとマッシュルームを炒める。

❹ ❸にパプリカパウダー、マスタード、白ワインビネガーを加え、さらに小麦粉を入れてなじませる。

❺ ❹にブイヨンを加えひと煮立ちさせたら鶏肉を戻し、サワークリームを少量の煮汁で溶かして加える。

❻ ❺を5分ほど煮込み、塩、胡椒で味をととのえてできあがり。付け合わせはお好みで。

 MEMO

ロシアでは、付け合わせはじゃがいものピューレやライスが一般的。パスタ（ロシアで言うところのマカロニ）もよく合う。

Schnitzel／Kotlety
Котлеты

プレート：東ドイツ

48

シュニッツェル／コトレティ カツレツ、トンカツ

どこの食堂に行っても定番メニューとして登場するカツレツ。
じゃがいも、グリーンピースなどを添えて。レモンを搾ってさっぱりいただく。

材料 2人分

豚ロース肉（トンカツ用）………………2枚
塩、胡椒…………………………………各少々
小麦粉……………………………………適量
溶き卵………………………………… 1個分
パン粉………………………………1/2カップ
サラダ油…………………………………適量
付け合わせ用の野菜
（グリーンピース、じゃがいもなど好みで）…適量
レモン………………………………………1/4個

作り方

1 トンカツ用の豚肉を、麺棒などで叩き薄くのばす。

2 1の豚肉に塩、胡椒をふって小麦粉をまぶす。

3 2を溶き卵に浸してパン粉をつける。

4 フライパンに油をたっぷり引き、3を揚げ焼きにする。

5 付け合わせの野菜を添え、レモンを搾っていただく。

MEMO

スラブ諸国のコトレティはパン粉をつけて揚げ焼きにしたもの全般を指し、コロッケなども含まれ、バリエーションに富んでいる。

マチャンカ 豚肉のサワークリーム煮

付け合わせは、ブリヌィ（P43、P88）やドラニキ（P43）が合う。カロリーが気になるなら水切りヨーグルトを使っても。

材料 4人分

豚肉（カレー・シチュー用）‥‥‥‥‥‥‥‥‥300g
玉ねぎ‥‥‥‥‥‥‥‥‥‥‥‥‥‥‥‥‥‥1個
小麦粉‥‥‥‥‥‥‥‥‥‥‥‥‥‥‥‥‥大さじ2
ローリエ‥‥‥‥‥‥‥‥‥‥‥‥‥‥‥‥‥1枚
塩、胡椒‥‥‥‥‥‥‥‥‥‥‥‥‥‥‥‥各少々
サワークリーム‥‥‥‥‥‥‥‥‥‥‥‥‥180g
水‥‥‥‥‥‥‥‥‥‥‥‥‥‥‥‥‥‥‥250ml
バター‥‥‥‥‥‥‥‥‥‥‥‥‥‥‥‥‥‥10g

作り方

❶ フライパンにバターを溶かし、一口大に切った豚肉を炒める。

❷ 1にみじん切りにした玉ねぎを加え炒める。小麦粉を絡めてなじませる。

❸ 2に水を入れ、ローリエ、塩、胡椒を入れ10分ほど煮込む。

❹ 3にサワークリームを入れ、弱火で10分ほど煮込む。とろみが出てきたらできあがり。好みでディルを散らしていただく。

Мачанка

プレート：東ドイツ

ブレッテ／フリカデレ

ハンバーグ

東部ドイツではフリカデレン、
ベルリンを中心にブレッテと呼ばれているハンバーグ。
パンに挟んで売られていることも。

材料　2人分

パン粉	大さじ3	胡椒	少々
牛乳	120ml	卵	1個
合びき肉	300g	クミンパウダー	適量
玉ねぎ（みじん切り）	1/2個		
塩	小さじ1		

作り方

❶ ボウルにパン粉を入れて牛乳でふやかしておく。

❷ 1にその他の材料をすべて入れてこねる。

❸ 2を小判形に成形して空気を抜いたら、フライパンで両面
を焼いてできあがり。好みでゆで野菜やゆで卵を添え、マ
スタードをつけていただく。

Bulette／
Frikadelle

プレート、ソルト＆
ペッパー：東ドイツ

MEMO

付け合わせには、炒めたじゃがいもやフ
ライドポテト、グリーンピースやにんじ
んなどを添えると東ドイツっぽい。

Cepelinai

プレート：
ソヴィエト（P130）
グラス：ソヴィエト

52

ツェペリナイ ひき肉入りじゃがいも団子

じゃがいも団子はゆでる時に崩れやすいので、心配な場合は
湯気の上がった蒸し器で20分ほど蒸すのでもOK。

材料 2人分

じゃがいも（中）......................... 4〜5個
合びき肉......................................100g
玉ねぎ......................................1/2個
塩、胡椒..................................各適量
ベーコン......................................50g
クリームチーズ..............................50g
牛乳......................................1/2カップ
サラダ油....................................適量

作り方

❶ じゃがいもの皮をむき、半量をゆでてマッシュポテトにする。残りの半量はすり
おろし、水気を絞る。液はしばらく置いて澱粉を沈殿させる。

❷ マッシュポテトにすりおろしたじゃがいもを入れ、沈殿させた澱粉、塩少々（分
量外）を加えて練り込む。柔らかすぎるようなら片栗粉（分量外）を少し足す。

❸ 玉ねぎをみじん切りにし、油を引いたフライパンで半量を炒めて粗熱を取り、ひ
き肉と混ぜる。塩、胡椒で味付けし、4等分に丸める。

❹ 3を2で包み、俵型に成形して固める。鍋に団子がひたひたになるくらいの水を
入れて沸かしたら、弱火でゆっくり30分ほど煮る。

❺ フライパンで角切りにしたベーコンと残りの玉ねぎを炒め、クリームチーズを牛
乳で伸ばして入れて軽く煮立たせ、塩、胡椒で味をととのえる。皿に盛った団子
にかけてできあがり。好みでパセリを散らしていただく。

Beamtenstippe

プレート：
ソヴィエト（P130）

ベアムテンシュティッペ 東ドイツ風そぼろ

旧東ドイツのザ・貧乏メシ。何か適当に作るしかない時の奥の手。
だが、大量に作ってストックできるので主婦にはありがたい一品。

材料 2人分

豚ひき肉……………………………200g
玉ねぎ……………………………1/2個
ブイヨン……………………………100ml
塩、胡椒……………………………各少々
クミンパウダー……………………少々
じゃがいも（ゆでる）……………適量
サラダ油……………………………適量

作り方

❶ フライパンに油を熱し、みじん切りにした玉ねぎを炒める。

❷ 玉ねぎがしんなりしてきたら、豚肉を入れてさらに炒める。

❸ 豚肉の色が変わったら、塩、胡椒、クミン、ブイヨンを入れて煮立たせる。

❹ 汁気が少なくなったらできあがり。ゆでたじゃがいもや好みの野菜や薬味を添えていただく。

Senfeier

プレート：東ドイツ

ゼンフアイアー マスタードソースのゆで卵

マスタードは、東部ドイツでは、「バオツェンマスタード」が有名。
あまり辛味のないものを使うのがポイント。

材料 2人分

ゆで卵 ································· 4個
じゃがいも（中）················· 4個
バター ······························· 20g
小麦粉 ··························· 大さじ1/2
ブイヨン ························· 300ml
生クリーム ······················· 50ml
※牛乳や豆乳で代用可
マスタード（粒ではないもの）········ 小さじ4
塩、胡椒 ·························· 各少々

作り方

❶ じゃがいもは皮をむき、一口大に切ってゆでる。

❷ フライパンにバターを溶かし、小麦粉を入れ手早く混ぜ合わせる。

❸ 2にブイヨンを入れ、だまにならないようよく混ぜる。

❹ 3に生クリームを入れ、約15分煮込む。

❺ 4にマスタードを入れて混ぜ、塩、胡椒で味をととのえて軽く煮立たせる。

❻ 器にゆで卵とじゃがいもを盛り、5のマスタードソースをかけてできあがり。好みでドライクレソンやパセリ、小口ねぎなどを乗せていただく。

Paprikás csirke

プレート：
ソヴィエト（P124）

パプリカーシュ・チルケ チキンのパプリカ煮込み

酸味のある鶏の煮込みはとても食べやすい味。
カレーのような手軽さも嬉しい。

材料 4人分

鶏もも肉	600g
玉ねぎ	1と1/2個
パプリカパウダー	大さじ2
水	300ml
サワークリーム	200g
	※プレーンヨーグルトで代用可
小麦粉	大さじ2
塩	小さじ2
サラダ油	適量

作り方

❶ フライパンに油を熱し、みじん切りにした玉ねぎを炒める。

❷ 玉ねぎが透き通ったら、一口大に切った鶏肉を入れ、両面を焼く。

❸ 鶏肉に火が通ったらパプリカパウダーを入れ、鶏肉に絡ませる。

❹ 3に水を加え、30分ほど煮込む。

❺ サワークリームと小麦粉を混ぜ合わせ、4に入れる。

❻ 軽く煮立たせて、塩で味をととのえてできあがり。付け合わせのご飯は好みで。

Zitronenschnitzel

プレート：
ソヴィエト（P124）

ツィトローネンシュニッツェル 豚肉のソテーレモンソース

非常に簡単にできる、さっぱりと美味しい豚肉のソテー。
本来はトンカツ用の肉を叩いてのばす必要があるが、生姜焼き用の豚肉がちょうど良い厚さで手頃。
ついつい後を引く酸味のあるソースはご飯にもよく合う。

材料 2人分

豚肉（生姜焼き用）……………… 6枚
レモン ……………………………1/2個
塩、胡椒 …………………………各少々
小麦粉………………………………適量
ケーパー……………………………少々
ブイヨン……………………………100m
白ワイン……………………………大さじ1
サラダ油……………………………適量

作り方

❶ レモンを輪切りにする。

❷ 豚肉の両面に塩、胡椒をふり、小麦粉をまぶす。フライパンに油を熱し、焼き色がつくまで焼く。

❸ 焼いた豚肉を取り出し、同じフライパンにレモンを入れ少々焼き、ケーパー、ブイヨン、白ワインを入れて煮立たせる。

❹ 豚肉をフライパンに戻し、ソースをなじませてできあがり。好みで黒胡椒をふっていただく。ドイツでは、じゃがいもの炒めものやマッシュポテトと一緒に提供されることが多いが、写真のようにご飯といただいても美味。

シャシリク

串焼きバーベキュー

大きめの肉で作る串焼き料理。人が集まる時に男たちが
ワイワイ準備してくれる。ダーチャ*の定番メニュー。

材料

好みの肉 ……………………………………適量
　　　※鶏肉、牛肉、羊肉、など好きなものでOK

好みの野菜（玉ねぎ、パプリカなど）………適量

塩、胡椒 …………………………………各適量

香辛料 ………………………………………適量
※クミンシード、パプリカパウダー、コリアンダー
　　　シード、カイエンペッパーなど好みで

作り方

❶ 肉と野菜を一口大に切る。肉と野菜を交互に串に刺す。

❷ 塩、胡椒、香辛料を**1**にたっぷりかける（肉は好みのタレ
　に漬け込んでもOK）。

❸ **2**をグリルやロースターで10分ほど焼いてできあがり。好
　みでトマトや玉ねぎのスライスを添えていただく。

*サマーハウスやバンガローのようなもの。

プレート：東ドイツ
グラス：ロシア

Шашлык

イェーガーシュニッツェル

ボロニアソーセージのフライ

東ドイツの定番中の定番メニュー。定番の付け合わせは
マカロニやマッシュポテト、生野菜は少なめで。子供も
大好きなこの東ドイツ版イェーガーシュニッツェル、是
非お試しあれ！

材料　2人分

ボロニアソーセージ………………………6枚
溶き卵…………………………… 1個分
小麦粉、パン粉…………………………各適量
マカロニ（ゆでる）…………………………適量
トマトケチャップ…………………………適量
サラダ油…………………………適量

プレート：
ソヴィエト（P127）
グラス：ソヴィエト

作り方

❶ ボロニアソーセージの両面に小麦粉をまぶし、溶き卵、パン粉をつける。

❷ フライパンに油をたっぷり引き、**1**を揚げ焼きにする。

❸ 器にマカロニを盛り、**2**を乗せてトマトケチャップをかけていただく。

Jägerschnitzel

📧 MEMO

ドイツ全域でイェーガーシュニッツェル
といえば、一般的にはこってりしたきの
こソースをかけた豚肉のシュニッツェル
のことを指す。

63

Пожарские котлеты из рыбы

プレート・上：
ソヴィエト（P124）
プレート・下：ラトビア

ポジャールスキエ・コトレーティ・イズ・リビィ ポジャルスキー風魚のハンバーグ

ロシアの食堂で、コトレーティにリバ（рыба＝魚）と書いてあれば必ず選んでいただきたい大変美味なメニュー。
ふんわりとして、それでいてあまり焼いている感じでもなく不思議。

材料　4個分

サケ（切り身）……………………………	4枚
玉ねぎ………………………………………	1/4個
牛乳…………………………………………	大さじ2
塩……………………………………………	少々
小麦粉、パン粉（細かめ）………………	各適量
溶き卵………………………………………	1個分
マヨネーズ…………………………………	適量
サラダ油……………………………………	適量

作り方

❶ サケの切り身から丁寧に身をそぎ取り、玉ねぎのみじん切りと一緒にボウルに入れる。

❷ 1に塩、牛乳を入れて混ぜ、粘り気が出るまでこねる。

❸ 2を俵型にして小麦粉、溶き卵、パン粉の順につける。フライパンにやや多めに油をひき、両面を揚げ焼きにする。崩れやすいので注意。

❹ 3をアルミホイルに乗せ、上面にマヨネーズを塗り5分ほどオーブントースターで焼いてできあがり。焦げそうな時はホイルで包み焼きに。付け合わせはサラダやゆで卵など好みで。

MEMO

マヨネーズやチーズ、きのこのクリームソースをかけて供されることが多い。

Székelykáposzta

プレート：
ソヴィエト（P125）

セーケイカーポスタ ザワークラウトと豚肉の煮込み

酸味と豚の旨味が滲み出たシチュー。ハンガリー東部地方の冬の家庭料理。

材料 5～6人分
豚肉（カレー・シチュー用）······················500g
玉ねぎ··· 1個
ベーコン··100g
ザワークラウト····································500g
パプリカパウダー·····················大さじ3
水···適量
塩、胡椒·······································各少々
サラダ油···適量

作り方
❶ 一口大に切った豚肉を、油を熱したフライパンで炒める。
❷ 肉の色が変わったら、みじん切りにした玉ねぎを入れて炒める。
❸ 玉ねぎがしんなりしてきたら、細かく切ったベーコン、ザワークラウトを入れてさらに炒める。
❹ パプリカパウダーをふり入れ、なじませる。
❺ 具材がひたひたになるくらいの水を入れて20分ほど煮込み、塩と胡椒で味をととのえてできあがり。好みでサワークリームをかけていただく。

Vištienos vyniotinis

プレート：
ソヴィエト（P125）
グラス：ソヴィエト

ヴィシュティエノス・ヴィニオティニス コールドロールチキン

チキンにマッチする甘酸っぱさは、クセになりそうな味わい。
アプリコットの代わりにプルーンを入れても。

材料 3〜4人分

鶏もも肉 ····························· 2枚（約500g）
アプリコット（ドライ）················ 5〜6個
塩 ································· 小さじ1
胡椒 ····························· 小さじ1/2
ナツメグパウダー ····················· 小さじ1/2
バジルパウダー ······················ 小さじ1/2
ミックススパイス（あれば）········ 小さじ1/2

作り方

❶ 鶏肉を叩いて平たくする。

❷ ラップの上にすべての調味料の半量をふり、その上に鶏肉を置いて残りの調味料をふる。

❸ 鶏肉の手前側にアプリコットを横一列に並べ、包むように巻いていく。ラップをきっちり締めるように巻いて両端を糸で縛る。

❹ 鍋にたっぷりの湯を沸かし、3を入れて50分ほどそのままボイルする。

❺ 冷蔵庫で冷やして、スライスしていただく。ソースやドレッシング、付け合わせは好みで。

შქმერული

ボウル：
ソヴィエト（P127）

シュクメルリ　鶏肉のガーリック煮

シュクメルリのスープはパンとワインによく合う。
水の代わりに牛乳やサワークリームを使っても美味しい。

材料　3〜4人分

鶏もも肉‥‥‥‥‥‥‥‥‥‥‥‥ 2枚（約500g）
にんにく‥‥‥‥‥‥‥‥‥‥‥‥‥‥‥‥ 6片
塩‥‥‥‥‥‥‥‥‥‥‥‥‥‥‥‥‥ 小さじ1/2
水‥‥‥‥‥‥‥‥‥‥‥‥‥‥‥‥‥‥ 200ml
オリーブオイル‥‥‥‥‥‥‥‥‥‥‥‥ 大さじ2

作り方

❶ 鶏肉を塩、胡椒（分量外）で下味をつけ、一口大に切る。にんにくはみじん切りにする。

❷ オリーブオイルを入れて熱したフライパンに1の鶏肉を入れ、両面をゆっくりきつね色になるまで焼く。

❸ いったん鶏肉を取り出して火を止め、フライパンににんにくを入れ、さらに塩と水を入れ、よく混ぜて乳化させてから火をつける。

❹ 鶏肉をフライパンに戻し、7〜8分煮込んでできあがり。好みで小口ねぎやパセリを添えていただく。

プレート：
ソヴィエト（P125）

Zemaičių
blynai

ゼマイチュ・ブリナーイ　じゃがいもの焼きコロッケ

こってりしていて美味しい、リトアニアのツェペリナイ（P52）の焼きバージョン。
スメタナをたっぷり乗せて。

材料　4個分

合びき肉	100g
じゃがいも	6〜7個
玉ねぎ	1/6個
小麦粉	少々
塩、胡椒	各適量
スメタナ	適量

※サワークリームやプレーンヨーグルトで代用可

サラダ油	適量

作り方

❶ 鍋に湯を沸かし、塩（分量外）を入れ、皮をむいたじゃがいもをゆでる。

❷ じゃがいもをゆでる間にみじん切りにした玉ねぎとひき肉を炒め、塩、胡椒で味付けして餡を作る。

❸ 1がゆで上がったら、水気を切ってボウルに入れ、熱いうちに潰す。

❹ 3がなめらかになったら、4等分にする。

❺ 4を手で丸め、冷ました2の餡を包む。平たいハンバーグ状に成形し、両面に小麦粉をまぶす。

❻ フライパンを熱し、多めに油を注いで5を入れる。両面に焼き色を付け、こんがり揚げ焼きにしてできあがり。スメタナをかけていただく。

MEMO

スメタナは、東欧諸国で食されているサワークリーム。市販のギリシャヨーグルトや水切りヨーグルトで代用できる。ボルシチに入れるスメタナは、ロシアではマヨネーズで代用することも。

シュトランマー・マックス

目玉焼きのオープンサンド

もともとはザクセン州〜ベルリンあたりの郷土料理だったが、今ではドイツ全土で同様のオープンサンドが食されている。

材料 2人分

ミッシュブロート（ドイツパン）………… 2枚	

※カンパーニュで代用可
（空洞のないタイプがおすすめ）

ハム…………………………………… 2枚	
卵……………………………………… 2個	
塩、胡椒……………………………… 各適量	
バター………………………………… 適量	
サラダ油……………………………… 適量	

プレート：
ソヴィエト（P125）

作り方

❶ フライパンに油を熱して目玉焼きを作り、塩、胡椒をふる。

❷ ミッシュブロートにバターを塗り、ハム、目玉焼きの順に重ねてできあがり。付け合わせはトマトやピクルスなど好みで。

Strammer Max

🍴 **MEMO**

東ドイツ料理を提供する店ではメニューの軽食の欄にヴルツフライシュ（P19）とともに登場することが多い。シュトランマー・マックスの名前の由来は第一次大戦後、当時の貧しい食糧事情から、「精力のつくもの」、すなわち栄養価の高いパン食として奨励・名付けられたという説があるが、現在は名前は形骸化しており、深い意味はない。同じような名前のオープンサンドもいくつか登場した。

ファルシェス・ヒルン

東ドイツ風炒り卵

トマトが入った炒り卵。簡単に作れて、ヘルシーでボリュームがある一品。

材料 4人分

トマト缶（ダイスカット）……………… 1缶
玉ねぎ（乱切り）…………………………… 1個
卵……………………………………………… 4個
牛乳……………………………………… 大さじ2
塩、胡椒…………………………………… 各適量
バター……………………………………… 適量

作り方

❶ フライパンにバターを溶かし、玉ねぎを炒める。

❷ 1にトマト缶を入れ、軽く炒める。

❸ ボウルに卵を割り入れ、塩、胡椒、牛乳を入れて溶き混ぜる。

❹ 3を2に加え、とろ火で炒め半熟状態で火を止めてできあがり。好みで黒パン（P86）を添えて。

Falsches Hirn

📋 **MEMO**

他に卵に野菜を入れる料理としては、バオアーンフリューシュトゥック（Bauernfrühstück＝農夫の朝食）がポピュラー。ジャーマンポテトを卵でとじたり、オムレツ状に包んだもの。高カロリーだが、日本人が気軽にオーダーできる一品。"朝食"という名がついているが、レストランでは常時メニューになっていることが多い。

Димлама

ディムラマ ウズベク風肉じゃが

味付けはシンプルだが、蒸し煮の野菜の旨味が出て非常に美味。
「サマルカンドシチュー」と呼ばれることも。

材料 3人分

牛肉または羊肉 (カレー・シチュー用)…300g
玉ねぎ (薄くスライス)……………………1個
にんじん (乱切り)……………………………1本
トマト (乱切り)………………………………1個
パプリカ (細切り)……………………………1個
じゃがいも (乱切り)………………………5個
にんにく (すりおろす)……………………1片
湯…………………………………………200ml
ディル……………………………………………適量
クミンパウダー……………………………小さじ1
塩、胡椒…………………………………各小さじ1
サラダ油…………………………………………適量

作り方

❶ フライパンに多めに油を熱し、一口大に切った肉を炒める。火が通ったら、クミン、塩、胡椒を入れ、油に香りづけをする。

❷ 火を止め、玉ねぎを1に敷き詰めるように入れる。

❸ 2ににんじんとトマトを重ねる。

❹ 3にパプリカ、じゃがいも、にんにくを加え、湯を入れて具材が柔らかくなるまで、蓋をしてじっくり煮込む。

❺ 塩 (分量外) で味をととのえてできあがり。ディルを散らしていただく。

 MEMO

具に好みでキャベツを入れて、ホクホクに煮込んでも美味しい。肉じゃがよりはむしろポトフに近い料理。

Gołąbki

ゴウォンプキ 米入りロールキャベツ

米が入ったロールキャベツは日本の各国料理店でもよく提供されている。
日本のロールキャベツよりも大きくて食べ応えあり。

材料 2〜3人分

好みのひき肉	200g
キャベツの葉	4枚
卵	1個
玉ねぎ	1/2個
米（洗っておく）	1/4カップ
ブイヨン	500ml
塩、胡椒	各ふたつまみ

作り方

❶ キャベツの葉をさっとゆでて冷ましておく。

❷ ボウルにひき肉、みじん切りにした玉ねぎ、卵、米、塩、胡椒を入れ、よくこねる。

❸ 2を4等分して俵状に成形する。

❹ 1を広げて3を包み込み、端を中に折り込む。

❺ 小さめの鍋に4をぎっちりと並べ、ブイヨンを注ぎ30分ほど煮込んでできあがり。トマトピューレを足しても良い。好みでサワークリームをかけ、ディルを散らしていただく。付け合わせの野菜は好みで。

☰ MEMO

サワークリームを足せば、ドイツのクラウトヴィッケルに、細長く包めばトルコのドルマ風に。バルカンでは「ドルマ」、または「サルマ」、「サルマーレ」と呼ばれ、包む葉に違いがあるもののポピュラーな料理。

Каварма

カヴァルマ チキントマト鍋焼き

野菜の旨味が凝縮された優しい味の煮込み料理。
卵と絡ませていただく。ブルガリアでは小さな土鍋を使って作る。

材料 4人分

鶏もも肉……………………………………600g
トマト缶（ダイスカット）……………… 1缶
玉ねぎ………………………………………… 1個
パプリカ……………………………………… 2個
卵……………………………………………… 4個
塩……………………………………… 小さじ1
バター………………………………………10g

作り方

❶ フライパンにバターを溶かし、薄くスライスした玉ねぎを炒める。

❷ 玉ねぎが透き通ったら、細切りにしたパプリカを炒める。

❸ 一口大に切った鶏肉を入れ、火が通ったらトマト缶を入れ、弱火で10分ほど煮込む。塩で味をととのえる。

❹ 3を耐熱容器に移し、卵を割り入れ180度に熱したオーブンで10分ほど焼いてできあがり。

コクと旨味の宝庫！
禁断の脂身「サーロ」

　この脂身の塩漬けはスラブ民族を中心とする東ヨーロッパ全域で食されており、各地で呼び名が異なり（右ページに記載）、概ね塩辛く味つけされた脂身の保存食のことを指す。

　作り方は地域や家庭によって様々だが、必ず冷凍庫で休ませるのが共通項。これは何より衛生上の理由からだ。冷凍庫でストックすることで、保存にも良いし、何よりスライスしやすいとうメリットも。パンチェッタのように料理の素材として使われることもあるが、主にスライスしてお酒のつまみ、特にウォッカに合うつまみとして食べられるのが一般的だ。

　気候条件の違う日本ではなかなか上手く作るのが難しいが、あくまでも生肉料理であることを忘れずに新鮮な脂身を手に入れ、衛生環境に留意した上で作って欲しい。

　濃厚な脂に初めは驚くだろうが、食べ始めると塩加減と溶けていく脂のなんとも言えない食感も癖になる。旅先で食べたらついついその味を思い出して、作りたくなるはずだ。

Сало

サーロ　豚の脂身の塩漬け

材料 作りやすい分量

新鮮な豚の脂身··················· 1 kg
　※脂身の多い豚バラブロックで代用可
塩························· 75g
黒胡椒····················適量

にんにく（スライス）‥4片（浸け液用）
ローリエ ·····················6枚
水 ·····················500㎖

作り方

1　脂身（ブロック肉）を軽く水洗いし、水気をキッチンペーパーで拭き取る。

2　鍋に水を入れて沸かし、塩を溶かしておく。

3　脂身を7〜8㎝くらいに適当に切り分け、耐熱容器に入れる。黒胡椒をふり、スライスしたにんにくを挟む。

4　**2**を沸騰させたまま、**3**の耐熱容器に注いで脂身を浸し、ローリエを乗せる。

5　皿などで脂身が完全に液に浸るように重しをして耐熱容器を密封し、冷蔵庫で三日ほど冷やす。

6　塩水から豚肉を取り出し、水気を拭き取ってラップで包み、冷凍庫で冷やし固めたのち、薄くスライスしていただく。黒パンに乗せ、スライスしたにんにくと一緒にいただくのが一番美味しい食べ方と言われている。

各国ごとの呼び名の違い

ロシア、ウクライナ	Сало	サーロ
ハンガリー	Szalonna	サロンナ
ポーランド	Słonina	スウォニナ
ルーマニア	Slănină	スラニーナ
セルビア	Сланина	スラニナ
マケドニア	Сланина	スラニナ
クロアチア	Slanina	スラニナ
チェコ、スロヴァキア	Slanina	スラニナ
ベラルーシ	Сала	サーラ
ブルガリア	Сланина	スラニナ
リトアニア	Lašiniai	ラシニアイ

Блюда из риса, выпечки и десерты

3

米料理、
ベーカリーフード
とデザート

週末の時間があるときに粉をこねて様々な家庭
の味を受け継いで行く。一見手間がかかりそう
な料理も、実は材料も少なく手軽に作れるもの
も少なくない。また街の露店で買えるものも多く、
もちろん子供達の大好物でもある。

プレートやグラス類の生産国については、
旧ソヴィエト連邦→ソヴィエト／旧東ドイツ→東ドイツ、と表記しています

Standard rye bread

プレート：
ソヴィエト（P127）

基本の黒パン

ライ麦パンが苦手な方にオススメしたい、
ほんのりと酸味のある、スープによく合う黒パン。

材料 作りやすい分量

強力粉	175g
ライ麦粉	50g
フォルサワー	25g
プレーンヨーグルト	50g
バター	10g
塩	5g
はちみつ	大さじ1
湯水（約30度）	120ml
ドライイースト	3g

作り方

❶ イースト、はちみつ、塩、温水を混ぜ、5分ほど置いておく。

❷ 1に残りの材料を入れてよく混ぜ合わせる。

❸ 柔らかめの生地ができたらボウルに入れ、ラップをかけて暖かいところで30～40分ほど発酵させる。

❹ 生地が倍の大きさになったら二つに分けて丸め、200度に予熱したオーブンで30分焼いてできあがり。

MEMO

フォルサワーは天然のサワー種の粉末。そのまま生地に混ぜるだけで使え、風味と酸味がアップする便利なサワー種。

プレート・四角：東ドイツ
プレート・丸：ソヴィエト

Блины

88.

ブリヌイ ロシアのクレープ

小さめの皿にあふれんばかりに積み上げるのがロシア流。
色々な具材を用意してパーティーにも。美味しいお茶とともに。

材料 4人分

牛乳·······························350ml
ドライイースト·······················3g
砂糖··························· 大さじ1
薄力粉·····························250g
塩····································3g
プレーンヨーグルト···················200g
溶き卵···························1個分
溶かしバター························15g
ハムやゆで卵などの好みの具材·······適量

作り方

❶ 牛乳を人肌くらいの温度に温める。

❷ ボウルにドライイースト、砂糖、牛乳を入れて混ぜ合わせる。

❸ 別のボウルに薄力粉、塩を入れ、❷を入れて混ぜ合わせる。

❹ ❸にヨーグルト、溶き卵、バターの順に加え、よく混ぜる。

❺ ❹を暖かいところで、約1時間発酵させる。

❻ フライパンを熱し、油（分量外）を少量なじませ、❺を薄めに流し入れて両面を焼いてできあがり。

❼ 好みの具材と合わせていただく。

 MEMO

旧ソヴィエト連邦の国以外にも、東ヨーロッパの広範囲で名前を変えて愛されているメニュー。

プレート：
ソヴィエト

ხინკალი

ヒンカリ スープ入り餃子

結び目の部分を持って中のスープを吸ってから食べる。
食堂で食べるヒンカリは、結び目部分が厚く生なことが多いので、食べないのが普通。

材料 10個分

〈生地〉

強力粉	200g
塩	小さじ1/2
水	1/2カップ

〈具〉

好みのひき肉	250g
玉ねぎ	1/2個
イタリアンパセリ（またはパクチー）	適量
塩	小さじ1/2
水	1/4カップ
クミンパウダー	適量

作り方

① 強力粉に塩と水を混ぜ、まとまるまでこねる。

② 1を常温で30分ほど寝かせる。その間に具の準備をする。

③ 玉ねぎ、イタリアンパセリはみじん切りにし、ひき肉に混ぜ、塩、クミン、水を加えて粘りが出るまでよく練る。

④ 2を10等分して、直径10cmくらいの円形にのばして3を包む。

⑤ 鍋に湯を沸かし、10分ほどゆでてできあがり。器に盛り、好みの薬味を添えていただく。

 MEMO
レストランではどの肉のヒンカリにするか指定するところからスタート。数の決まりもあるので店員さんに聞いてみよう。

クロキエティ

クレープを使ったポーランドのコロッケ

ポーランド版コロッケ。クレープの皮やブリヌィ（P88）が余った！ という時にひと手間かけて作ってみたいポーランド料理。

材料　2人分

クレープ ···················· 4枚
　　※好みの材料で焼いておく
溶き卵 ···················· 1個分
パン粉 ···················· 適量
小麦粉 ···················· 適量

サラダ油 ···················· 適量
ポテトサラダやピザ用チーズ、
ハムやひき肉など
好みの具材 ···················· 適量

作り方

❶ クレープ1枚ごとに、中にポテトサラダ、ハム、チーズ、ひき肉などの好みの具材を包み棒状にする。

❷ 1に小麦粉、溶き卵、パン粉の順につけ、フライパンに油をたっぷり引き、揚げ焼きにしてできあがり。好みでパセリをふっていただく。付け合わせはピクルスやサワークリームなど好みで。

Krokiety

プレート：
ソヴィエト

メキツァ　ヨーグルト風味の揚げパン

ブルガリアでは、朝食に食べられることが多く、甘いトッピングでいただくデザートに近いイメージ。

材料　4人分

強力粉·····························300g
プレーンヨーグルト·····················100g
重曹·····························小さじ1/2
卵·······························1個
塩·····························小さじ1/4
サラダ油···························適量

作り方

① 強力粉をふるってボウルに入れ、ヨーグルト、塩、重曹、卵を入れてよく混ぜ合わせる。

② 1が硬くてまとまらない場合は、水（分量外）を足し、ひとまとまりにして1時間寝かす。

③ こぶし大に丸め、表面に油（分量外）を塗って20分置く。

④ 薄くのばして油で両面を揚げてできあがり。好みで粉砂糖やジャムなどと一緒にいただく。

Мекица

MEMO

ハンガリーにはよく似た形の「ラーンゴシュ（Lángos）」という揚げパンがあるが、そちらはチーズやケチャップを乗せて食べるストリートフード。

Bryndzové halušky

ブリンゾヴェ・ハルシュキ ニョッキのチーズソース

スロヴァキアを代表する料理。
ゆるい生地を鍋に落とす時は、団子汁やすいとんの調理をイメージすると良いかも。

材料 2人分

じゃがいも ……………………… 2個
薄力粉 ………………………… 100g
卵 ………………………………… 1個
塩 ……………………………… 小さじ1/2
ベーコン ……………………… 150g
チーズ
(フェタチーズやカッテージチーズ) ……… 100g
生クリーム（好みで）………………適量

作り方

① じゃがいもをすりおろす。薄力粉、卵、塩を入れて混ぜ、とろとろな柔らかさにする。

② ベーコンは1cm角に刻み、カリカリに炒めておく。

③ 鍋に湯を沸かし、**1**の生地を少量ずつ鍋に落としてゆでる。

④ ゆでる間にフライパンでチーズを溶かし、カリカリベーコンと絡めておく。好みで生クリームをソースに足す。

⑤ **3**が湯の表面に浮き上がりゆで上がったら引き上げ、**4**をかけてできあがり。

 MEMO

本来はブリンザチーズ（羊のチーズ）を使用する。日本では入手が難しいのでフェタチーズやカッテージチーズなどで代用。

пирожки

プレート：
ソヴィイエト（P126）

ピロシキ 惣菜パン

中に入れるフィリングはいろんなバリエーションがある。
卵とねぎ、ひき肉と玉ねぎ、フルーツの甘露煮など。好みで試してみて。

材料 10個分

〈生地〉

強力粉	250g
砂糖	小さじ1
塩	小さじ1/4
溶き卵	1/2個分
ぬるま湯	150ml
サラダ油	小さじ2
ドライイースト	4g

〈具〉

キャベツ	1/4玉
ベーコン	40g
塩、胡椒	各少々

作り方

❶ ボウルに人肌くらいの温度に温めたぬるま湯、塩、砂糖、溶き卵を入れよく混ぜる。

❷ 1に油とドライイーストを入れて混ぜ、10分ほどおく。

❸ 2に強力粉を少しずつ入れて合わせていく。

❹ 柔らかめの生地にまとまったら1時間ほど暖かいところにおいて発酵させる。その間に具の準備をする。

❺ フライパンに油（分量外）をひき、千切りにしたキャベツを弱火で炒め、細切りにしたベーコンを加え塩、胡椒で味をととのえ、くったりとしたところで火を止めて冷ます。

❻ 4の生地を10等分して5を包み、160度の油（分量外）できつね色になるまで両面を返しながら揚げてできあがり。

Плов

プレート：
ウズベキスタン（現行品）
ソルト＆ペッパー：東ドイツ
グラス：ソヴィエト

プロフ スパイシーな炊き込みご飯

通常は大鍋で炊き込む料理。今回は簡単に炊飯器で炊くスタイルで。

材料 4人分

米······························ 2合
羊肉または牛肉（カレー・シチュー用）··· 300g
玉ねぎ··························1/2個
にんじん························ 2本
レーズン························大さじ2
にんにく························半玉
クミンパウダー····················適量
塩、胡椒······················各少々
サラダ油·······················適量

作り方

❶ フライパンに油を熱し、一口大に切った肉、みじん切りにした玉ねぎを炒める。

❷ 1に塩、胡椒、クミンを入れ、細切りにしたにんじんを加え、しっとりするまで炒める。

❸ 研いだ米を炊飯器に入れ、2合分の水を入れる。2とレーズンを入れる。

❹ にんにく半玉を横に切り込みを入れ、2等分にし、炊飯器に入れて炊く。

❺ 炊き上がったらにんにくを取り出し、よく混ぜ合わせてできあがり。好みでゆで卵を添えていただく。

Pastrmajlija

プレート：
東ドイツ

パストルマイリア ご馳走ミートピザ

舟形のハチャプリ（P108）を連想させるマケドニアのスナックピザ。
青唐辛子を乗せてピリ辛にしても。

材料 2個分

〈具〉

豚肉（ブロック）·······················400g
パプリカパウダー ·····················小さじ1
塩··小さじ1
オリーブオイル··························大さじ1/2

〈生地〉

強力粉·······································300g
水··180ml
ドライイースト···························5g
塩··小さじ1
サラダ油····································大さじ2
溶き卵·······································1個分

作り方

① 豚肉を2cm角にカットし、パプリカパウダー、塩、オリーブオイルを混ぜ合わせ冷蔵庫で一晩寝かせる。

② ボウルに強力粉、ドライイースト、水、塩、油を入れよくこねる。

③ 2を30分ほど休ませる。

④ 3を再びこねて二つにし、30分休ませる。

⑤ 4をそれぞれを楕円形に成形し、縁を高く盛り上げ、1を散らす。

⑥ 220度のオーブンで15分焼いて取り出す。それぞれに溶き卵を流し入れ、さらに10分ほど焼いてできあがり。

Пельмени

プレート：
ラトビア（P129）

ペリメニ ロシアの水餃子

皮は市販の餃子の皮を使用。冷凍してストックもできる便利な一品。
ポーランドでは澄んだボルシチにペリメニを入れて食すことも。

材料 30個分

好みのひき肉	200g
玉ねぎ	1/2個
にんにく	1片
塩	小さじ1
胡椒	適量
餃子の皮	30枚
サワークリーム	適量

作り方

❶ 玉ねぎとにんにくをみじん切りにする。

❷ 1とひき肉、塩、胡椒をよく混ぜ合わせ、一つにまとめて休ませる。

❸ 2の具材を餃子の皮で包む。半月形にとじた後、両端をくっつけてベビー帽のような形にする。

❹ 鍋に湯を沸かし、3を7〜8分ほどゆでる。

❺ 4を器に盛ってサワークリームをかけ、好みでディルを散らしていただく。

Đuveč

プレート：
ラトビア（P129）

デュベチ バルカン諸国で愛されているパプリカライス

米を入れてトマトライス風にして食べるのが一般的だが、
米無しでシチューとして食べる場合も多い。

材料 4人分

米·····································250g
玉ねぎ（中）··························· 2個
水·····································500ml
にんにく ······························· 1片
パプリカ ······························· 2個
塩·································· 小さじ1
胡椒·································· 少々
オリーブオイル················· 大さじ3
トマト缶（ダイスカット）·····················500g

作り方

❶ フライパンに洗った米を入れてふたをし、分量の水で炊く。

❷ 玉ねぎとにんにくはみじん切り、パプリカは乱切りにする。

❸ 10分ほど炊いたところに、❷と残りの材料をすべて入れて混ぜ合わせ、再びふたをし、米が柔らかくなるまで炊き上げる。

❹ 塩（分量外）で味をととのえてできあがり。薬味は好みで。

Қатлама

カトラマ ねぎ入りパンケーキ

のばすのに根気がいるがシンプルでとても美味しい焼きケーキ。
中国や中近東〜トルコあたりまで同様の料理がある。

材料 6枚分

薄力粉	250g
塩	小さじ1
サラダ油	小さじ1
ぬるま湯	150ml
刻みねぎ（または玉ねぎ）	1カップ

作り方

① ボウルに薄力粉をふるい入れ、塩を混ぜる。

② 油を1に入れ、さっとなじませる。

③ 人肌くらいの温度に温めたぬるま湯を少しずつ2に足しながら、ボウルに生地がつかなくなるまでこねる。

④ 3を10分間寝かせる。

⑤ 4を6等分にする。それぞれを麺棒で根気よく薄くのばし、ワンタンの皮くらいの薄さにする。

⑥ 広くのばし切った5に油（分量外）を塗り、ねぎを散らす。

⑦ 6を端からぐるぐると巻いていき、ひも状にする。渦巻きパンのように巻いてひとかたまりにしたら、上から麺棒で引きのばし、薄いクレープ状にする。

⑧ フライパンを熱し多めの油（分量外）を引き、両面をこんがり揚げ焼きしてできあがり。

ხაჭაპური

プレート：
ソヴィエト（P125）

108

ハチャプリ とろけるチーズのパン

フライパンで焼くのは最も簡単な方法だが、現地では直火ストーブで焼く。
写真はカッテージチーズと市販のとろけるチーズを混ぜて使用。

材料 作りやすい分量

薄力粉·······························50g
強力粉·······························50g
ぬるま湯···························30ml
ドライイースト·················小さじ1
プレーンヨーグルト·············100g
好みのチーズ·····················100g
サラダ油···························適量

作り方

① ボウルに薄力粉と強力粉を混ぜ合わせ、中央をくぼませる。

② 人肌くらいの温度に温めたぬるま湯にイーストを入れて混ぜ、1のくぼみに入れる。ヨーグルトを入れ、ひとまとまりになるまでこねる。

③ 2に濡れ布巾をかけ、暖かいところで発酵させる。

④ 生地が2倍の大きさになったら手で優しく叩いてガス抜きをし、打ち粉（分量外）をふって麺棒で広げる。

⑤ 20cmくらいに広げたら中央にチーズを置き、両端から寄せてとじてひねり、チーズが出ないようにする。

⑥ さらに打ち粉（分量外）をふり、軽く抑えてから麺棒でさらに平たくのばす。

⑦ フライパンに油を少量引き、両面を弱火でじっくりと焼いてできあがり。表面にバター（分量外）を塗り、塩気が足りない場合は好みで塩をふっていただく。

Ovocné knedlíky

プレート：
ソヴィエト（P127）

110

オボツネ・クネドリーキ フルーツ入りクネドリーキ

ドイツのクレーセ（じゃがいも団子）やポーランドのピエロギ（ゆで餃子）も、
フルーツを入れてデザートとしていただくことが多い。

材料 4人分

砂糖·······························50g
バター·····························50g
カッテージチーズ·················250g
卵·································1個
薄力粉····························200g
好みのフルーツ
（いちご、あんず、ブルーベリーなど）········適量

作り方

❶ 砂糖とバターをよく混ぜ合わせ、カッテージチーズ、卵、小麦粉を加え、よくこねる。

❷ まとまってきたら一口大くらいの大きさに切り分け、それぞれ麺棒で直径7～8cmくらいにのばし、中にフルーツを詰めて丸める。

❸ 沸騰した湯で10分ほどゆでてできあがり。好みのトッピングを添えていただく。

MEMO

トッピングはバターで炒ったパン粉、シナモン、ホイップクリーム、ジャムなど好みで。

ケプタ・デュオナ

揚げ黒パンスティック

簡単なのにびっくりする美味しさの一品。黒パンが残った時、お酒のつまみにどうぞ。

材料 作りやすい分量

黒パン	適量
	※P86参照
にんにく	2～3片
塩	少々
サラダ油	適量

作り方

1. 黒パンをスティック状に細くカットする。
2. フライパンに多めに油を入れ、**1**をカリッとなるまで揚げる。
3. 油を切った黒パンをボウルに入れ、みじん切りにしたにんにくと塩を入れ、手早くかき混ぜる（袋に入れて振っても良い）。
4. 好みでサワークリームやチーズを添えていただく。

プレート：
ソヴィエト（P130）

Kepta duona

オラディ 簡単パンケーキ

縁により焼き色がつくような焼き加減がオラディっぽい。
好みではちみつやジャムをかけて召し上がれ。

材料 作りやすい分量

薄力粉	200g
プレーンヨーグルト	250g
卵	1個
砂糖	大さじ2
塩	ひとつまみ
重曹	小さじ1/2
サラダ油	大さじ1

作り方

1 材料をすべて室温に戻しておく。

2 ヨーグルトと砂糖、卵、塩を混ぜよく泡立てる。

3 2に重曹とふるった薄力粉を少しずつ入れてなめらかになるまで混ぜる。最後に油を混ぜる。

4 フライパンを熱して油（分量外）を引き、生地を小ぶりな大きさになるように落とし、中火で焼く。両面が焼けたらできあがり。

Оладьи

プレート：東ドイツ

ショコラードナヤ・サリャミ／サラム・デ・ビスクイティ

チョコレートサラミ

イタリア〜ルーマニアあたりでよく作られているお菓子。
具材はナッツ、ドライフルーツなど、好みで。

材料 作りやすい分量

好みのナッツ類	適量
ビスケット	適量
純ココア	20g
バター	80g
砂糖	50g
牛乳	100ml

作り方

❶ ナッツとビスケットは袋に入れ、麺棒で叩いて細かく砕く。

❷ 鍋に残りの材料をすべて入れ、火にかけて溶かす。

❸ **1**を**2**に加え、混ぜ合わせる。

❹ **3**の粗熱が取れたら、ビニール袋などに入れ、サラミの形に成形する。

❺ **4**をラップに包んで冷蔵庫で一晩冷やし固めてできあがり。切り分けていただく。

プレート：
ソヴィエト

Шоколадная салями／
Salam de biscuiți

Coliva

ルーマニア

コリヴァ　麦とくるみの甘煮

本来はハスパ（正教におけるイースター）のお菓子。大変ヘルシーで、じわっと柔らかい甘味とくるみの食感がよく、クセになること間違いなし。もち麦ならプチプチした食感に。

材料 3皿分

大麦（またはもち麦）······················· 50g
水···································· 400ml
砂糖······························· 大さじ3
くるみ······························· 20g
バニラエッセンス、レモン汁 ········各少々

作り方

❶ 鍋に水を入れて沸かし、大麦を入れて煮る。

❷ 途中で砂糖を入れ、柔らかくなるまで15分ほど煮る。

❸ 2に砕いたくるみを入れ、レモン汁、バニラエッセンスを加えてできあがり。

プレート：
ソヴィエト（P131）
カップ：東ドイツ

115

Kartoffelstollen

トレイ：東ドイツ

カルトッフェルシュトレン じゃがいものシュトレン

ドイツのクリスマスの焼き菓子シュトレン。通常のシュトレンはバターたっぷりで高カロリーだが、
じゃがいもを使うことでカロリー控えめであっさりとした味わいに。

材料 作りやすい分量

牛乳……………………………500ml
サラダ油……………………小さじ5
砂糖……………………………50g
塩………………………………小さじ1/2
マッシュポテトの素（パウダー）…………80g
薄力粉…………………………450g
ドライイースト……………………10g
ラム酒…………………………小さじ5
ラムレーズン…………………100g
オレンジピール…………………50g
溶かしバター…………………40g
粉砂糖……………………………適量

作り方

❶ 人肌くらいの温度に温めた牛乳に油、砂糖、塩、マッシュポテトの素を入れて混ぜる。

❷ 1にドライイーストと薄力粉、ラム酒を加え、なめらかになるまで混ぜ合わせる。

❸ 2に刻んだオレンジピールとラムレーズンを混ぜて30分ほど寝かせる。

❹ 3を低い山型に成形して20分休ませる。

❺ 予熱した200度のオーブンで50分ほど焼く。

❻ 焼き上がったら溶かしバターを塗り、粉砂糖をふりかけていただく。

✉ MEMO

保存する場合は冷ましたのちにラップに包み、冷蔵庫で4〜5日ほど。焼き上がりは、表記分量で15×25×高さ5cmくらいの大きさになるので量は適宜調整を。

Не запеченный творожный торт

プレート：
ソヴィェト（P131）

118

ニェ・ザペチェニー・トヴァロジニー・トルト 簡単焼かないチーズケーキ

ほんのり甘く簡単にできるデザート。
カッテージチーズは温めた牛乳にレモン汁を入れて自作してもOK。

材料 作りやすい分量

ビスケット ………………………… 10枚
溶かしバター ……………………… 100g
カッテージチーズ………………… 400g
生クリーム ………………………… 100ml
砂糖 ………………………………… 大さじ2
ドライフルーツ…………………… 適量
好みのフルーツ…………………… 適量
好みのナッツ類…………………… 適量

作り方

❶ ビスケットを粗く砕いておく。

❷ 溶かしバターを1に加える。

❸ カッテージチーズ、砂糖、生クリームを2に加えなめらかになるまで混ぜる。

❹ ドライフルーツやフルーツ、ナッツを加え、ざっくり混ぜて適当なサイズのケーキ型などに入れ、冷蔵庫で2時間以上冷やす。

❺ 固まったらできあがり。

Kalter Hund

プレート：
ソヴィエト（P125）

カルター・フント 冷たい犬という名のチョコレートケーキ

ユニークな名前のチョコケーキ。
名前の由来はチョコの質感が犬の湿った鼻に似ているから、など諸説あり。

材料 パウンドケーキ型1本分

純ココア	50g
砂糖	100g
卵	2個
ラム酒	大さじ2
ココナッツオイル	250g
四角いビスケット	150g

作り方

❶ ココナッツオイルをフライパンに入れ、低温でじっくり溶かす。

❷ ボウルに砂糖、ココア、卵、ラム酒を入れなめらかになるまで混ぜる。

❸ 2にココナッツオイルを注ぎ、さらになめらかになるようによく混ぜてチョコレート液を作る。

❹ パウンドケーキ型にラップを敷き、チョコレート液とビスケットが交互の層になるように重ね入れる。

❺ 冷蔵庫でよく冷やし、固まったら切り分けていただく。

MEMO

砂糖の量を減らしてもビターテイストで大変美味しい。日持ちさせたい場合は、卵を入れなくてもOK。

советский фарфор
для повседневного использования

ソヴィエトの
普段使いの食器

トゥイマジ陶器 **C**

A ドゥリョヴォ陶器
B コナコヴォ陶器
J リガ陶器
D ブグリマ陶器
E ボグダノヴィチ陶器
H 南ウラル磁器工場
F ボリスラフス陶器
N プロコピエフスク陶器
G バラノフ陶器
M ポルタヴァ陶器
K ブディ
L クラスノダール磁器
I タシュケント陶器

ロシア帝国期、ドイツマイセンに影響を受けたロマノフ王朝は1744年サンクト・ペテルブルク郊外に皇室専属釜として帝国磁器工場（のちのロモノソフ磁器工場）を起こした。そして、宮廷を中心に美しい陶器文化が花開くのだが、その後ロシア革命が起き、ソヴィエトの時代になると陶器はプロパガンダとしても使われ、飾り絵皿や陶器人形が盛んに作られるようになった。

ここではそれとは別に、一般の労働者階級が使うような日常使いのもので、また今回のレシピを実際に作るにあたって彩りを与えてくれた素朴な食器についてスポットを当てたい。

冷戦時代の民生陶器は主に4つの地域に分けることができる。

1.モスクワ近郊　2.ウクライナ　3.ウラル地方中南部　4.ラトビア

一般的に陶器というと形や大きさ、色使いによりその土地の傾向が色濃くなるが、ソヴィエトにおいては前述の1～3と4で違いが分かれているものの、1～3の地域が広範囲であるにも関わらず非常に見分けがつきにくい。皿の厚みや触った

時の感触も似ており、唯一の判断基準となるバックマーク自体判別が難しい。

現在、大半の陶器メーカーは消滅しているが、当時の製品は一部のスタローバヤでそのまま使われていたり、誰かのお宅にお邪魔すると現役で普段使いされていたりと、派手でも無いソヴィエト陶器たちは現代のインテリアにも馴染んで生き続けている。

こぐまのミーシャ
1980年のモスクワオリンピックのマスコットキャラ。陶器人形も色々な窯元で作られ、ドゥリョヴォで最も多く生産された。

Дулёвский фарфор
ドゥリョヴォ陶器

●ロシア／リキノ　ドゥリョヴォ　▶MAPⒶ
●1832〜現在

ロシアで有名な陶器メーカーの一つで現存。　陶器人形が多く、ソヴィエト時代はミーシャのフィギュアなどを生産。また、ロシア民話モチーフの子供用の食器も多く生産していた。

Зик Конаково факторы
コナコヴォ陶器

●ロシア／コナコヴォ　▶MAP **B**
●1809〜1974

戦前はパリ万博でグランプリを取ったほ
ど輝かしい歴史をもつ陶器で、ソヴィエ
ト時代は普段使いの陶器としてシェアを
誇った。
1930〜60年ごろまではステンシル模様の
シンプルなモチーフで、それ以降は単色
のパターンで彩られていることが多い。
厚みもあり、少しクリーム色を帯びてい
るものが主流。冷戦時代に作られた陶器
はほとんどコナコヴォ陶器では無いかと
思われるほど、判別が難しい。1974年に
生産は終了したが、デザイン部門で現在
も会社は存続している。

写真右、写真下のプレートは、
いずれも1960年以降の量産品。

ボーネンズッペ
レンズ豆のスープ（東ドイツ）
水に戻したレンズ豆をスープで煮込んだ
もの。シンプルな味つけで滋養がある。

125

Туймазинский ФЗ
トゥイマジ陶器

●ロシア・バシコルトスタン共和国
／トゥイマジ ▶MAP**C**
●1978～2007

1978年創業のソヴィエトでは若い会社。大きな生産ラインを持つ会社で一時期1000人近くの従業員を抱え、年間2950万個の製品を産出していた。ソヴィエト崩壊後は以前の生産量まで回復することはなく、2007年に破産。

Бугульминский ФЗ
ブグリマ陶器

●ロシア・タタールスタン共和国／
ブグリマ ▶MAP**D**
●1976～現在

創業当初はオリジナリティあふれる陶器を生産していたが、1990年頃に路線を変更。一転して西側に向けた生産にスイッチする。現在はIKEA製品の下請け生産がメイン。

広域に広がるソヴィエト陶器

1   2   3

4   5   6

1. Богдановичский ФЗ
ボグダノヴィチ陶器

● ロシア／ボグダノヴィチ　▶MAP **E**

2.3. Бориславский ФЗ
ボリスラフス陶器

● ウクライナ／ボリスラフ　▶MAP **F**

4. Барановский ФЗ
バラノフ陶器

● ウクライナ／バラニフカ　▶MAP **G**

5. Южно-Уральский ФЗ
南ウラル磁器工場

● ロシア／チェリャビンスク　▶MAP **H**

6. Ташкентский ФЗ
タシュケント陶器

● ウズベキスタン／タシュケント　▶MAP **I**

Rīgas porcelāna fabrika
リガ陶器工場

●ラトビア／リガ　▶MAP ❶
●1841〜2003頃

　1841年、ロシア人実業家シドール・ク
ズネツォフがバルト海地域で初の磁器工
房をオープン。一方1886年、ヤーコプ・
カール・イェッセンがリガ近郊に磁器工
場を創設する。

　戦争とロシア、ナチスドイツによる統
治の苦難の時を経て1963年に二つの磁器
会社は経営統合し1968年 Rīgas porcelāna
fabrika となった。たくさんの陶器を輸
出し海外でも人気であったが、ソ連の解
体後それぞれの会社は分割され後に破産。
惜しまれつつも2013年工場は解体され、
跡地にはショッピングモールが建ってい
る。

　金彩を使った美しい陶器で、一般的に
小ぶりなものが多い。バルト三国を中心
にロシアの蚤の市でも見かける陶器の定
番。

自然のモチーフを生かした
奥ゆかしい陶器

どこかしら可愛らしさの漂うラトビアの
陶器たち。窯元がなかったエストニアは
リガ陶器の技術に一目おいていたとか。
一方、エストニアでは印刷物が盛んでラ
トビアでは印刷技術が進まなかったので、
お互いを補うように連邦内では経済が循
環していた。

コスチュームドールの可愛
らしさには定評がある。

129

チョルバ・デ・ペリショアレ
米入り肉団子スープ（ルーマニア）
肉の旨味を吸った米が美味
しい、中東欧でよく
作られるスープ。

写真は1960年ごろ
ブディスープ皿。

Будянский ФЗ
ブディ

●ウクライナ／ブディ　▶MAP Ⓚ
●1887〜2006

ウクライナでもっとも大きな陶器工場
であった。

Краснодарский ФЗ
クラスノダール磁器（チャイカ）

●ロシア／クラスノダール　▶MAP Ⓛ
●1917-現在

ロシア革命後にできた初の陶器の
会社で古い歴史を持つ。

фарфор в горошек
水玉模様の食器

ソヴィエト連邦内ではたくさんの水玉模様の陶器が作られていた。飽きのこないデザインで今でも人気がある。

1

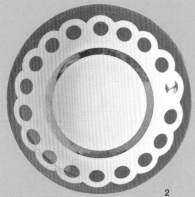

2

3

4

5

6

1. リガ陶器
●ラトビア ▶MAP **J**

2. クラスノダール陶器
●ロシア／クラスノダール ▶MAP **L**

3. プロコピエフスク陶器
●ロシア／西シベリア ▶MAP **N**

4. コナコヴォ陶器
●ロシア ▶MAP **B**

5. ポルタヴァ陶器
●ウクライナ ▶MAP **M**

6. バラノフ陶器
●ウクライナ ▶MAP **G**

вилка
フォーク

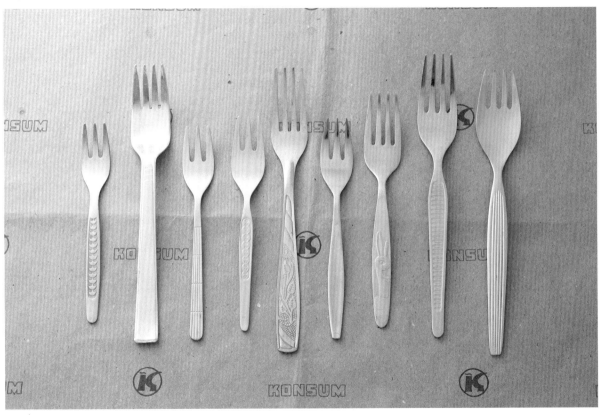

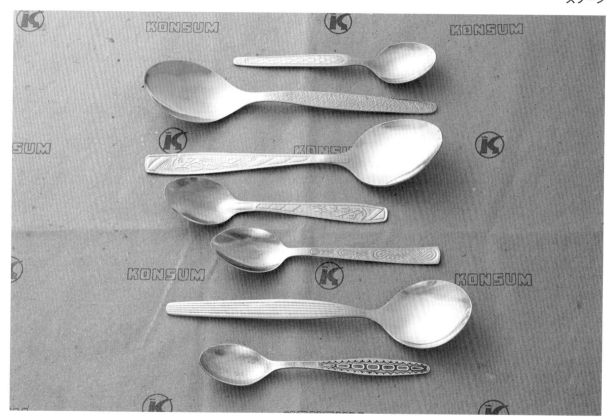

本書で使ったカトラリーは、ほぼ旧ソヴィエト連邦および旧東ドイツ製です。

Где ностальгический ресторан?

憧れの食堂を探した

一連の社会主義革命が起きて冷戦が終わり30年経とうという今日、社会主義時代に提供されたような労働者の定番ランチや素朴な家庭料理を飾らずそのスタイルを守っている食堂がどれほど残っているのだろう。幾年もリサーチして辿りついた"社会主義時代スタイル食堂・カフェ"。どのお店も味があり甲乙つけ難い。食堂は入れ替わりが大変早いので、気になるお店があれば何としてでも訪問されることをお勧めする。筆者はそれで毎年泣いている。過去に遡ろうとすることには時間と決意が必要。過去の痕跡にたどり着いた時、また涙が溢れるのだ。

Русская столовая
ロシアの大衆食堂

ロシアの大衆食堂は「スタローバヤ Столовая」と呼ばれており、数は減ったものの、最近はチェーン店も増えている。地区の従業員食堂がわりに使われていたりするが基本的に誰でも利用でき、営業は昼の間のみと短いところも多い。一般的にセルフサービスなので言葉がわからずとも指差しで済ますことができ、旅行者には助かるシステム。また一人利用客が多いので一人旅に優しい。数十円という安さで、お茶だけでも飲むことができる。

ぶっきらぼうなサインを信じて！

スタローバヤの利用法

プリヤートノゴ アペティータ!!
召し上がれ！

1. トレイをとって列に並ぶ
2. はじめにサラダがある場合が多く、皿に入れてあるので自分で取る

3. それぞれの料理の前にいる係員に、指差しでも良いので盛り付けてもらう。おかず＋副菜がワンプレートなので、できれば一度にオーダーする

4. 途中にパンが目の高さにあるのでお忘れなく
5. お茶や飲み物を取って会計

ロシア　Россия

135

Москва
モスクワ

ロシアの首都で大都市、モスクワ。
発展めざましく、食堂の入れ替わ
りが早い！

ヴィソコペトロフスキー聖堂の
スターローバヤ

Монастырские трапезные

ロシア正教聖堂敷地内にある、美しい宗教画に囲まれた食堂。誰でも利用できる。

Высоко-Петровский монастырь 📍
Петровка ул., 28 строение 8, Москва

Столовая на Курском вокзале
クルクス駅のスタローバヤ

待合室の奥にあるクラシックな内装の食堂。駅構内には、他に二つのスタローバヤが入っている。

📍 пл. Курского Вокзала, Москва

Столовая "Купянчанка"
スタローバヤ
クピャンチャンカ

ルビヤンカという良い立地にある市民向け食堂。味もよく人気のスタローバヤ。

📍 Мясницкая ул., 10, стр.1, Москва

Столовая №57
57番スタローバヤ

赤の広場横、グム百貨店内フードコートの一角にある観光客に人気のスタローバヤ。

Красная пл., 3, Москва 📍

Хабаровск
ハバロフスク

極東の都市でシベリア鉄道の重要
な拠点。レトロなトラムが走り、
ソヴィエト時代の街並みも残る街。
スタローバヤも何軒もあり、どこ
も安価で利用しやすい。

Столовая Ложка

ロジカ

市内に点在するチェーン店。
駅の建物内にもある。

豆入りスープ、マストバ
📍 ул. Ленинградская, 58, Хабаровск

絶品、ポジャルスキーコトレーティ
📍 ул. Карла Маркса, 72, Хабаровск

右：食事どきには大混雑
の人気のスタローバヤ
下：ボルシチとプロフ
ул. Дикопольцева, 29, Хабаровск 📍

8 МИНУТ столовая
ヴォースェミミヌート

ウラジオストクで展開するチェーン店。店舗
ごとに内装が異なり、海に近いこちらの店舗
はソヴィエトがテーマ。

📍 ул. Светланская, 1, Владивосток

左：朝食時のチョイス。
ピロシキを楽しもう
右：ソヴィエト製品を展
示している

Владивосток
ウラジオストク

近年人気が高まっているロシア極東地
域。観光客用のお店が多いが、少し外れ
ると地元の人行きつけの美味しいお店が。
観光客でも利用しやすいチェーンのスタ
ローバヤも多い。

左：ひき肉とチキンのシャシ
リク盛り合わせ
下：アクローシカとプロフ

В Гостях У Спартака
フ・ゴスチャフ・ウ・スパルタカ

ネクラソフスキー市場に隣接するアルメニア食堂。軒先で炭
焼きのシャシリクを作っており、匂いに食欲が刺激される。
地域住民に愛されているお店。市内でも美味しいシャシリク
として上位にあげられ、リーズナブルな価格帯も魅力。

📍 Океанский пр., 140а, Владивосток

Ostdeutschland
ドイツ東部

かつての東ドイツに当たるドイツ東部では、当時国営の企業傘下の食堂が多かったため、ドイツ統一後にそれらの食堂は精査され、急速になくなって行った。現在わずかに残っている食堂は家族経営の食堂やカフェ、酒場がほとんどである。

Meißen
マイセン

ドレスデン郊外の陶器で有名な街。

マイセン中央駅にある駅食堂。1930年代の創業で当時のインテリアを大事にしている。東ドイツ時代のインテリアの集会室もある。昔ながらのメニューも充実。
Großenhainer Str. 2, 01662, Meißen 📍

Blixen cafe
ブリクセンカフェ

テレビ塔の横という素晴らしいロケーションで
ありながら、カルターフントが提供されている。

📍 Rathauspassagen, Rathausstraße 5,
　 10178, Berlin

Kaffee und Tee カフェウントテー

東ベルリンの雰囲気色濃い通り、カールマルクスアレー
の東端にあるレトロカフェ。

📍 Frankfurter Tor 5, 10243, Berlin

Berlin
ベルリン

現ドイツの首都であり、かつての東
ドイツの首都。誰もが憧れる街。

Volkskammer
フォルクスカマー

ベルリン東駅近くにある東ドイツを忠実に再現
した食堂で、内装は当時の食器や家具で徹底さ
れている。

📍 Straße der Pariser Kommune 18b, 10243 Berlin

フォルクスカマーの
ウォールアート

141

Käseglocke　ケーゼグロッケ

ポストプラッツにある印象的な建物。第二次大戦で激しい空襲を受け、以前の建物は消滅した。東ドイツ時代に再建され、しばらくドレスデン交通局の券売所と停留所的役割を担っていたが、街の整備に伴って交通局と停留所は少しだけ移動。その後カフェとして利用されている。

📍 Käseglocke, Postpl., 01067, Dresden

Dresden
ドレスデン

ザクセン州の古都で、古いバロック建築と社会主義建築が溶け込んだ美しい街。

Konditorei & Café Müller　コンディトライ・カフェミュラー

110年もの歴史を持つ老舗のコンディトライ。東ドイツ時代も守って来たバウムクーヘンはこちらで。シュトレンの有名店でもある。軽食のグーラッシュも絶品。

📍 Gohliser Str. 1/4, 01159, Dresden

Willy Vanilli　ヴィリーファニリ

東ドイツのアイス器具を使って当時のアイスを再現。

Helmut-Schön-Allee, 📍
01069, Dresden

Leipzig
ライプツィヒ

東ドイツ時代は、見本市でたくさんの訪問客を迎えていたインターナショナルな街。

IL62
イーエル ツヴァイウントゼヒツィヒ

東ドイツの航空会社インターフルークの機体がそのままカフェに。
Arno-Nitzsche-Straße 43, 04277, Leipzig ♀

Seeterrasse am Bagge
ゼーテラッセ アムバッゲ

昔ながらの食堂で、価格も良心的。
♀ Theklaer Str. 150, 04349, Leipzig

Schnellbuffet Süd
シュネルビュッフェズュート

東ドイツ仕様の食器で食事ができるセルフサービスの店。
♀ Karl-Liebknecht-Straße 139, 04275, Leipzig

ドイツ東部 Ostdeutschland

143

東ドイツの地方の街で

ツヴィッガウ駅の従業員食堂
Mensa

駅関係者のための食堂で、上階にある。ビジター料金あり。

📍 Hauptbahnhof Zwickau

ミルヒバー
Milchbar

東ドイツ時代から続くパーラー。
近所の人々の憩いの場所。

📍 Bahnhofstraße 13,
01877 Bischofswerda

ピングイン
アイスディイレ
Pinguin Eisdiele

1954年にオープンしたアイスパー
ラー。当時の内装のまま営業中。
Marktstraße 19, 📍
17094 Burg Stargard

Київ
キーウ

丘のような地形に街が広がっており坂道も多い。骨のある散歩がてら食堂を巡ろう。ウクライナ料理、チェーン店、各国料理どれも充実しておりリーズナブル。

またコーヒーショップも多く、丁寧にバリスタが入れてくれるコーヒーが手軽にいただける。クヴァススタンドも多く食堂探訪の旅行者にはうってつけの街。

ユニークなコーヒーバス

Салют

ホテルサリュート

パイナップルのような形をした社会主義時代のホテル。レストランのキエフカツレツは絶品。
📍 вулиця Івана Мазепи, 11Б, Київ

ウクライナ Україна

Столовая

住民サービスセンターのスタローバヤ

通りに看板があり、入ると巨大な食堂。安くて味も良い。
📍 вулиця Євгена Котляра, 7, Харків

上：きのこのスープとカリフラワーのフリット
右：アクローシカとピロシキ

Харків
ハルキウ

ウクライナ第2の都市で、ソヴィエト時代はソ連邦の第3の工業都市でもあった。

チェコ共和国 Česká republika

Praha
プラハ

観光客溢れるプラハは酒場のイメージが強いものの意外とセルフサービスの食堂が残っている。大変安くて美味しいので臆せず行ってみよう！

restaurační vůz
ユーロシティ（国際列車）の食堂車

少し古風なスタイルの食堂車で頂くチェコ料理は格別。ハッピーアワーのお得な割引もあり。

Restaurace Strahov
ストラホフ学生食堂

ビジターも利用できる嬉しい食堂。今日のメニューが置いてあるので大変わかりやすい。

📍 Jezdecká 1920, 169 00 Praha 6

Lidová jídelna Těšnov
リドヴァ ジデルナ チェシュノフ

地域で絶大な人気を誇る老舗食堂。

📍 Těšnov 1163/5, 110 00 Praha 1

Kraków
クラクフ

ポーランド第二の都市。古都の街並みが美しい。

スウビツェの市場にて。市場には小さな食堂や菓子屋が併設されている

Bar Mleczny "Pod Temidą" ポド・テミドォン

クラクフ旧市街にあり、夕食を取ることも可能な食堂。
📍 Grodzka 43, 31-001 Kraków

ポーランドの昔ながらの大衆食堂はバルムレチュニィ（Bar mleczny）と呼ばれ、現在も昔から営業しているお店も残っている。店内に掲示されているメニューの一覧表から選ぶ方式なので一通りお目当のメニューを覚えてから足を運ぼう。

インターシティ食堂車にてジュレックという酸味のあるライ麦スープをオーダー

Opole
オポーレ

ポーランド南西部の交通の要衝。

Bar Kubuś バル・クブス

ピエロギ、スープ類が充実した食堂。いつもお客さんで賑わっている。
📍 1 Maja 19, 45-068 Opole

147

魅惑のストリートフード

露店とキオスク

人が食べているのを見ると
なぜかお腹が空いてくる、
それでもってボリュームある
困った惣菜パン！

ポーランド
zapiekanka
【ザピエカンカ】

バゲットなど長いパン
にピザのように具
材を載せたもの。お
腹いっぱいになる。

ドイツ東部
Ketwurst
【ケットヴルスト】

東ドイツ風ホットドッ
グ。年々作っているお
店が減っている！

ロシア、ウクライナ
Французский хот-дог
【フレンチホットドッグ】

フニャっとしたパン生
地にソーセージが突っ
込んである。

ドイツ
Bratwurst
【ブラートヴルスト】

チューリンガーと呼ばれ
るソーセージを焼いてパ
ンに挟んだもの。ドイツ
の定番スナック。

ハンガリー

Lángos
【ラーンゴシュ】

揚げたパン生地にサワークリーム、チーズなどをトッピングしたスナック。

ロシア極東

Пянсе
【ピャンセ】

肉まんのような蒸しパン。胡椒が効いており蒸しサムサという感じ。朝鮮系住民から伝わった。

旧ソ連の国々

Пирожки
【ピロシキ】

中に具が入ったパン。焼いたもの、揚げたもの、また具材は甘かったり、いろんなバリエーションがある。

ピロシキ屋（モスクワ）

お米と卵サラダのピロシキ

キリル文字が読めない場合、具材がわからないのでロシアンルーレットになる。それもまた楽しい！

旧ソ連の国々

Самса
【サムサ】

釜で焼いたミートパイ。中央アジア系のパン屋や飲食店でテイクアウトできる。焼きたては絶品！

149

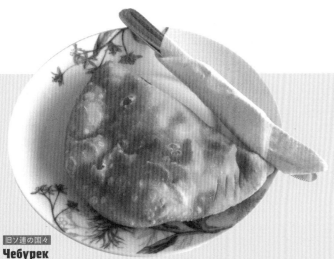

市場のパン屋（ロシア）

旧ソ連の国々
Чебурек
【チェブレク（チェブレキ）】

タタール料理で、旧ソ連全域で食されているスナック。薄い生地に肉などを詰めて揚げたもの。

旧ソ連の国々
Qutab
【クタブ】

アゼルバイジャンのパイ。チェブレキ（上）の揚げていない版。

ポーランド、旧ソ連の国々
Pączki
【ポンチュキ】

ポーランドの揚げドーナツ。ピロシキが具を問わないのとは違って、こちらはジャムなどの甘いペースト状のものが詰められている。ロシアあたりでも食される。左がグルジア、右がポーランドのもの。

ロシアのテイクアウトケーキ。「Кондитерская」は、
ケーキ屋の意味。

Столовая　Bar mleczny　Konsumgaststätte

スイーツ ショップ

懐かしい雰囲気のお店は、
地下通路やスーパーマーケット
の中に多い。

コンディトライ*は勿論、スーパーや市場でも可愛らしい
ケーキや菓子パンが並んでいて、目を楽しませてくれる。

＊ペストリーやカフェのこと。

型を使ったお菓子

旧ソ連時代に家庭でのお菓子作りに使われていた金型。現在も現役で活躍中。人形焼のような焼きたてカステラ菓子も売られている。

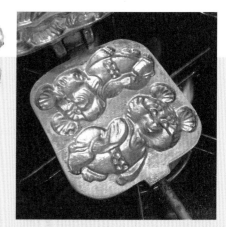

モスクワオリンピックのマスコット、「こぐまのミーシャ」もこの通り。

街角でおばあちゃんが売っていたべっこう飴。

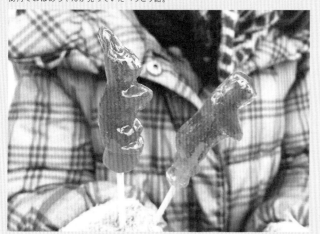

ジェドマロース（〝寒波爺さん〟の意味。ロシア版サンタクロース）のべっこう飴。

153

▼▼▼▼▼▼▼▼▼▼

街角の冷たいもの！

マルカ社のソ連アイス
の復刻版パッケージ
（ロシア）

アイスクリーム

Столовая Bar mleczny Konsumgaststätte

夏は老若男女が屋外で
アイスを頬張っているので、
それを見て
また欲しくなる！

ロシア
мороженое стаканчик
【マロージナエ　スタカンチク】

スタカンチクというコーンカップのアイスは、昔はパッ
クなしでアイスの部分に紙シールを付けて売っていた。

アイスクリーム
復刻版パッケージ
（ベラルーシ）

ドイツ
SOFTEIS
【ソフトアイス】

フローズンタイプのソ
フトクリームが多く、
口溶けが良い。

ポーランド
lody amerykańskie
【ロディアメリカンスキエ】

綺麗な巻き巻きフローズ
ンアイスで溶けにくい。
ポーランド語でアイスク
リームは「lody」という。

154

ドリンク

日本ほど自動販売機が多くない
ヨーロッパ〜ロシアでは、
露店での飲料販売も多い。
またイベントなどでも、スカッと
喉越しのいい飲み物が
売られている。

Brause
【ブラオゼ】

東ドイツ時代からポピュラーな炭酸飲料。
粉ジュースになっていたのもあった。今で
もチェコなどの一部の国で販売されている。

Автомат по продаже газированной воды
【ソーダ・ファウンテン】

ソ連時代にグラス備え付けで登場。グラス洗浄
機能も付いていた。
近年、昔ながらのこの自動販売機はプラカップ
で提供されており、台数を伸ばしている。
日本の自動販売機も増えてきており、ちょっと
した自販機王国になりつつあるロシア…。

Лимонад
【リモナード】

ロシアの甘い炭酸飲料。

квас
【クヴァス】

ロシアを中心に愛飲されている微炭酸飲料。
都会では減ってきたが街角でも売られてお
り、酸味がちょうどよくくせになる味わい。

Алёнка и Оленка
アリョンカとオレンカ

元々は姉妹製品であったが、
国どうしの関係で今は姉妹喧嘩中。
ベラルーシにもアリョンカチョコレートは存在し、
やはりそうは言っても三姉妹なのである…。
でも本当は15姉妹なのかもしれない。

Алёнка
【アリョンカ】

日本で最も有名なロシアのチョコレート。1966年からクラースヌィ・オクチャブリ社が作っている。モスクワのチョコレートショップでは色々なアリョンカチョコが手に入るほか、数々の美しい包みのチョコレートが販売されており目を楽しませてくれる。

レニングラード、クルプスコイ製菓工場のアリョンカチョコレート。

Оленка
【オレンカ】

ウクライナのロシェン社のチョコレート。ロシアのアリョンカチョコレートに似ており、一瞬「あれれ？」となる。右は現在の絵柄。

可愛い包み紙

これらの包み紙は下のような形状でチョコを包んでおり、
今もこのスタイルを守っている。

Космическая одиссея
【宇宙チョコ】
洋酒が効いたチョコレートで美味。

СОБЛЮДАЙТЕ ПРАВИЛА
ДОРОЖНОГО ДВИЖЕНИЯ

イスクラ（写真・文）

1975年生まれ。福岡大学人文学部ドイツ語学科卒。旅行会社勤務を経て、2005年にヨーロッパ旧社会主義国の雑貨を販売するウェブショップ「イスクラ」をオープン。2011年、東ドイツの居住空間を再現した「デーデーエルプラネット」、2016年東ドイツ民生品展示室「コメット」を運営。同店閉鎖後「イスクラ」の運営を継続しつつ、旧社会主義国の食文化を再現しレシピをまとめた『社会主義食堂』（本書のベースとなったもの）や、東欧諸国の雑貨デザインをまとめた『コメコンデザイン』のリトルプレスをシリーズで執筆している。著書に、『共産主婦』（社会評論社）。

🐦@DDRplanet
HP：http://iskra.ocnk.net

[staff]
ブックデザイン　今井 晶子
DTP　　　　　　渡邉 祥子
撮影協力　　　　吉崎 貴幸
レシピ校正　　　株式会社ゼロメガ
編集　　　　　　山本 尚子（グラフィック社）

[参考サイト]
http://www.rigasporcelans.lv/home/
https://www.theoldstuff.com/en/soviet-porcelain
https://ja.wikipedia.org/wiki/帝国磁器工場
http://ld-gorod.ru/
http://www.ffz-chaika.ru
https://pikabu.ru/story/deindustrializatsiyazabroshennyiy_tuymazinskiy_farforovyiy_zavod_6937579

ノスタルジア食堂
東欧旧社会主義国のレシピ63

2020年7月25日 初版第1刷発行
2020年8月25日 初版第2刷発行

著者　　イスクラ

発行者　長瀬 聡
発行所　株式会社グラフィック社
〒 102-0073
東京都千代田区九段北 1-14-17
Tel.03-3263-4318 Fax.03-3263-5297
http://www.graphicsha.co.jp

振替　00130-6-114345
印刷・製本　図書印刷株式会社

©2020 ISKRA
ISBN978-4-7661-3403-2 C2077 Printed in Japan

| und Margarine burg | VEB Kombinat Öl und Margarine Magdeburg | VEB Kombinat Öl und Margarine Magdeburg | VEB Kombinat Öl und Margarine Magdeburg |

HSL 17 64 40 0   250g **-,50** M

HSL 17 64 40 0   250g **-,50** M

HSL 17 64 40 0   250g **-,50** M

HSL 17 64 40 0   250g **-,50** M

HSL 17 64 40 0   250g **-,50** M

HSL 17 64 40 0   250g **-,50** M

HSL 17 64 40 0   250g **-,50** M

HAUSHALTMARGARINE

sonja

250g **-,50** M

Mit wertvollen Pflanzenfetten

Kühl lagern!
HSL 17 64 40 0   250g **-,50** M